誰でもヘミシンク2

おもしろすぎるガイド拝見

まるの日 圭《けい》

誰でもヘミシンク2
おもしろすぎるガイド拝見

目次

はじめに

前回、本を書きあげたあと、「自分はとりあえずの目的は果たしたので、今後何をしていくべきなのだろうか？」と自問自答していた頃がありました。

私の癖みたいなもので、一つ何かをクリアすると、必ず次に何をしようかと考えてしまうのです。まあ、貧乏性なのでしょうけど。

前作「誰でもヘミシンク」にも書きましたが、私はその時すでに人のガイドをみるようなことをぼちぼち開始しておりました。ブログですので、相手の方はハンドルネームしか分かりません。それでもガイドを見るという、ある意味初心者にしてはチャレンジングな試みですね。

そして、ある程度人数をみたあと、「自分のヘミシンク体験が現実世界と本当にリンクしているのか？」ということを確認するためと、「自分の知覚力をもっと確実なものにしたい」と、さらに大勢の方のガイドをみてしまおうと、無謀な挑戦を試みたのです。

以前、タイさん（TAI・スピリチュアルトレーニングセンター／TST代表）からも、前作を書く前にちらっと「現実世界とのリンクしたような体験を進めていくといいですね」と言われていたこともありまして、ちょうどその時、私はミクシィ（註1）でもじわじわ活動しはじめており、ブログとミクシィで募集すれば、半年くらいで100人みられるかな、という気持ちでいました。

私には、物事に取り組むときの個人的なルールとして「とりあえず100回」というのがあり、「ガイドもとりあえず100人分みてしまおう」と考えたのです。

それまでに何人かの方のガイドをみていたことがありましたが、ガイドの姿とそのメッセージをお伝えするだけでご本人のへミシンクに対するモチベーションがかなり上がっていました。なので、「へミシンク普及のためにも、一つやってみるか」と、始めたのです。一応私の基本理念は、へミシンクの普及とへミシンクの可能性を確認する、というものがあります。あくまで、独学ではありますが。

そして、ガイド拝見希望者を募集したところ、2、3週間で予定の100人を越えてしまい、予約だけで2~3ヶ月待ち状態になってしまいました。有料にしたら一財産築けたでしょうが、今回は私の訓練もかねていますからね。一応、無料ということで。しかし、そのときに思ったのが、「なんで皆さんはこんなに自分のガイドを見てもらいたがるのだろう?」ということでした。へミシンクやっているのならば、自分で見ればいいじゃん、と思うのですが。

そして、それから毎日1人~3人のガイドをみながら、自分の仕事もこなし、ブログも書き、という生活が3ヶ月くらい続きましたね。お蔭様でかなり訓練になりました、いろんな意味で。ただでさえ時間のない生活しているので、いかにして効率よくへミシンクをやるか、いかに短時間で結果を出すか。そういう訓練をさせられた気がします。

ガイドからのメッセージは、個人的な内容以外はブログにアップし、皆さんが読めるような形にしました。私の稚拙なイラストつきで。

ガイドからのメッセージが私にも当てはまることも多く、次第に「ガイドは、個人に対してメッセージを発しているようで、実はブログを読む全員に向けているのではないか?」と思えるようになってきました。

そして、「ならば、この結果を本にしてみよう」と思いました。

ガイドからのメッセージは本当にいろいろとあります。人生を生きるうえでの参考になるものも多いです。それに、ガイドの姿も種々雑多。天使系から妖怪系まで、いろいろな姿がみえました。ただし、これは私のみたところ、という注意書きが入りますが。

私たちは何気なくこの世界で生きています。でも、見えないところでは、このように多彩なガイドと呼ばれる存在が自分たちのことを援助してくれていると考えると、豊かな気持ちになってきます。いつでも一人ではないのです。

「人は、生まれるときと死ぬときは一人っきり」

そういう言葉もありますが、ガイドの存在を知っていれば、生まれるときも、生きているときも、死ぬときも、たくさんの友人に囲まれて——という言葉に変わってしまいそうです。

皆さんには大勢のガイドが必ずいるものです。そのごく一部のメッセージを今回本という形でまとめることができました。この中から、自分のそのときに合ったメッセージが必ず見つかると思います。

ちょっと進むべき道に迷ったとき、人生の壁に当たったときなどに、ふっとめくってみてください。その時に現れた言葉は、あなたのガイドからのメッセージなのです。

これから、私のガイドを含めて、多彩な存在達が登場します。

それらの姿、言葉にほっとしたり、笑ったりしながら、楽しんで読んでいただけたらと思います。

前回の本の続きというよりは、番外編という形ですね。

内容的には「これって、まじめに精神世界のことを探求している人は読まないほうがいいんじゃないかな?」と思えるくらい、くだけきっています。あくまで私の場合、という注意書きのもと「こういう世界もあるのだな」と広い心で読んでくださいね。

1章　普通の人間がどうやってガイドを見ているのか？

経緯

一応、私は普通の人間です。普通に働いて、お給料をもらって、家のローンを払って、妻と子供とペットに囲まれて生活している30代のサラリーマン菓子職人です。が、あるときからヘミシンクというものをやり始めて、死後世界の探索や非物質世界の存在たちとの接触を行なっています。

私がヘミシンクを聞き始めたのは、今から3年前の2006年冬のことです。妻がこっそりと買っていたゲートウェイエクスペリエンス（註2）を偶然見つけたところからヘミシンクとの出会いがはじまりました。私はそれまでにスピリチュアル系はまったく興味ありませんで、そういう世界があることは知っていても、自分の生きる世界とは違う話だし、と思っていました。

ゲートウェイエクスペリエンスシリーズも、最初は「体脱して宇宙にいけたら、お得だ！」という軽い気持ちで聞き始めたものです。しかし、何度聞いても私にはまったく何も見えませんでした。体外離脱なんてまったく起こりません。ところが、妻は私より明らかに聞く回数が少ないのに「体外離脱っぽいことした」とか「何か映像が見えた」とか言うのです。

そこから私のヘミシンク熱に火がつきました。妻には負けられん！ ということで。

近くに目指すべき相手がいると、人間は俄然やる気になるものでして。そして、私にはスピリチュアルというものに対する情報が不足していることに気付きました。何をするにも情報は大切です。そこで、「まずはスピリチュアルの知識から仕入れねば」と思い、開発者のモンローさんの本を読み、参考になりそうなスピリチュアル系の本を読みあさることに。１００冊以上の本を読み、毎日ヘミシンクを聞き続けたのですが半年くらいはまったく何も起こりませんでしたね。

私は仕事も拘束時間が長く、当時（今でも？）は休日も一般的なサラリーマンの半分くらいしか取れていない状態でしたので、ゆっくりと、ヘミシンクを聞くのに適した条件（静かでゆったりとできる環境）でヘミシンクを聞く時間が取りにくい状態でした。そこで、「良い環境で聞けないのならば、回数をこなしてそれをカバーしよう」と思い、毎日仕事場でも聞くようにしたのです。が、クリックアウトと睡眠ばかり。その頃は昼寝の音楽になっていました。それでもめげずに、CDを変えて聞いてみたり、朝から早起きして瞑想したりと、工夫をしながら聞いてみると、次第になんらかのイメージが見えてきたり、ガイドとの遭遇が起こってきたりしたのです。

そして、「自分の体験を公開して、独学でがんばっている人の参考になれば」と思い、ブログを始めたのが２００８年の1月。

そこからです、今まで以上に知覚が開けてきたのは。自由にフォーカス27以上のレベルに行き、モンローさんとも出会い、高次の存在との接触によりフォーカス１００以上？　に連れて行かれたりと、あらゆる非物質体験が怒涛のように押し寄せてきました。それに、現実世界でのシンクロニシティも多く起こり、何かに導かれるように様々な人々との出会いもありましたし。

その後、TST（同じ阿蘇にあるヘミシンクのトレーニング施設。今井泰一郎／通称タイさん主催）にてセッションを行ないまして、私の妻との過去生なども見ることができたりして。詳細は私の著書、「誰でもヘミシンク」（ハート出版）もしくは、ブログ【まるの日〈ヘミシンクのある暮らし〉】を読んでいただければと思います。

世の中、分からないものです。

つい3年前までは普通のサラリーマンお菓子職人として、妻子と共に現実世界だけを見て普通に生活していたのですが、ヘミシンクをやり始めたことで劇的に人生が変化しました。現実世界では家も建ちましたし。それに、今や非物質の方々と普通に接触しながら生活するという、ある意味、現実世界と非物質世界の二足のワラジを履いたような生活をしています。毎朝ジョギングを続けるようにヘミシンクをして非物質世界の探索へ。そして、その内容はブログにもアップしていて、そのお陰で知覚のさらなる拡張が起こり、最近では普通の状態でも人のガイドや過去生がみえるようになってしまいました。

実は、前回本を書いている間に、ブログ読者の方のガイドをハンドルネームだけで見る、ということを行なっていました。で、あるときからミクシィに入り、そこでもガイド拝見の募集をしましたところ、一気に百人以上の応募が集まってしまいまして、ガイド拝見2ヶ月以上待ち、という状態に。そして、3ヶ月くらいかけて、仕事の合い間にガイド拝見を行なってきたところ、そこから得られる情報が意外と一般的な人にも参考になることばかりでした。そして、ガイドに対する認識も新たになりました。

そこで思ったのが、「ガイドって、人の思っているほど万能じゃないんだな」ということ。ガイドとの接触の仕方、メッセージのもらい方は人それぞれです。なので私の体験したガイド拝見も、あくまで私個人の体験でしかないのですが、それを読むことで、皆さんの参考になればという感じですね。

モンロー研とヘミシンク

3年前までは霊感も何もない普通の人間だった私が通常の意識状態でガイドをみるまでになったのは、ヘミシンクという技術を使って、いろいろと訓練した結果です。

そのヘミシンクとは故・ロバート・A・モンロー氏が開発した音響システムのことで、それを聞いて訓練することで、変性意識状態になりやすくなり、人によっては体外離脱や高次の存在との遭遇など、神秘体験をすることができるようになるというものです。

詳細は、アクアビジョン・アカデミー（註3）のホームページなどを参考にされると分かりやすいです。他にモンロー氏の著書「ロバート・モンロー体外への旅」（ハート出版）「魂の体外旅行」「究極の旅」（日本教文社）を読まれるとよいでしょう。英語が苦にならない方は、モンロー研究所ホームページを御覧ください。そして、ヘミシンクを聞いて訓練することで過去生をみたり、自分のガイドと遭遇したりできる人もいます。私はそれを利用して人のガイドをみている訳です。慣れてくると、ヘミシンクを聞かなくてもガイドをみたりすることもできますが、あくまでこれは私の場合、という注意書きがつきます。

同じヘミシンクを使っても、体験は人それぞれ。宇宙人との遭遇がメインだったり、死者との対話が上達したりと人によって体験しやすい内容が異なってきます。なので、この「人のガイドをみる」についても、人によっては見え方が異なるので、この本に収録しているガイドの姿は、私の場合、ということをご理解ください。

まるの日圭的ガイドの概念

私は非物質世界をみるとき、ヘミシンクで言われているフォーカス世界（註4）を参考にしています。なので私の中では**ガイド＝Ｉ／Ｔメンバー**（註5）という考え方ですね。しかし、最近は非物質的に援助をくれる方はみんなガイドだと思うようになりました。

前作でもルリカさんはガイド、『彼』は高次の存在とか分けていましたが、今は全部ひっくるめてガイドと呼んでいます。俗にいう守護霊、ガイドスピリット、守護天使、なんでもまとめてガイドです。それに非物質的に援助する存在であれば、生きている人間もガイドに成り得るのです。

まあ、このあたりは私の考え方ということで、そこをご理解いただいていないと、これから出てくるガイドのあまりの節操のなさに驚かれるかもしれません。

まるの日圭のガイド紹介

まず、人のガイドを紹介する前に、私のガイドをご紹介しておきましょう。前作ではさわりくらいしか登場していませんから。私の場合、ガイドは大まかに分けて、メインのガイドと、そのつど登場する用件別ガイドのような存在がいます。メインが2人、あとは用件ごとガイドですね。メインガイドは、ルリカ、ジーラの2人。他にも6人ほどいますが最近は用事がないのでさっぱり出てきませんね。一応、メンバー紹介しておきます。

◎**ルリカ**……見た目十代の美少女。メインガイドの一人。
◎**ジーラ**……最初に現れたガイド、異星人系です。メインガイドの一人。
◎**リーフ**……クラシックなメイド風の姿。フォーカス15専用のガイド。
◎**ヒロオ**……お金関係のガイド。赤シャツ姿の怪しい関西弁を話す中年おじさんです。フォーカス27以

ジーラ／メインガイド

ルリカ／メインガイド

ヒロオ

リーフ

カガミ

ギリシャ風男子

リエン

上で遭遇します。最近働いているのか？

◎**ギリシャ風男子**……最近見かけませんが、フォーカス世界移動の際、案内に出てきます。調べてみると、実はローマの男子だったというオチがあり。

◎**カガミ**……レトリーバル（註6）専用ガイド。レトリーバルの先生ですが、見た目十歳くらいの少女。しゃべり方がアニメチックなので、かなりアヤシイ。

◎**リエン**……現実世界の指導係、というか『彼』の代理でしばらく登場。槍を持っていて、ちょっと厳しそうな感じです。

以上が、フォーカス27くらいまでで登場する私の身近なガイドです。そして、それ以上の世界で現れてくるのが、高次のガイドです。今までのが個人につくガイドだとしたら、これから紹介するガイドは、多数の人間に同時についているガイド、といった感じでしょうか。

◎**水無月《みなづき》**……名前は勝手につけています。私のI／Tの代表者的存在。俗に言うハイアーセルフ（註7）か？

◎**エラン**……見た目、派手な金ぴか鎧に身を包んだ方。フォーカス42あたりにいる。I／Tクラスター（註8）の代表者的な存在。

◎**モンローさん**……たぶん本人。ヘミシンクをしている方々全体のガイドといってもいいと思います。

◎**彼**……名前も特になく、人類全体のガイドと思われる存在。私の会う中で、一番高次と思われるガイド。

高次のガイドといっても、お付き合いしてみるとエネルギーの波長が違うくらいで、崇《あが》め奉《たてまつ》るほどの存在ではありません。フォーカスレベルが高いからといって、何も偉いわけではありませんからね。尊敬と感謝の気持ちをもって接していれば、友だちのようにお付き合いできます。

長いことガイドと接触していると、用件別ガイドは、自分の知覚レベルにそって現れたり現れなくなったりするのだな、ということに気がつきました。もちろん、呼べば出てきますからいなくなるわけではありません。待機状態になっているだけで。

初期のころはレトリーバルの指導や日常生活の指導、フォーカスレベルの案内などに登場していましたが、最近は私が一人で何でもやるようになったため、ガイドが姿を現すことが稀になってきました。ガイドというのは結局自分の一面なのだと思っています。なので、次第に人格が統合されていくように、ガイドも最初は役割ごとに現れて補助してくれて、慣れてくると私と同化してしまうような、そんなイメージかと思います。

とはいえ、メインのガイドからはいろいろと聞きます。ブログやミクシィを読まれている方はお分かりだと思いますが、つまらない話も結構していますね。そのあたりをちょっと載せてみましょうか。

水無月

エラン

彼

＊　＊

【ブログ】2009.4.17
〈ガイドなぜ？　なに？　質問箱〉

たまには指向を変えて、私のガイドに、ガイドについて聞いてみました。

Q「ガイドは人を導くと言いますが、ガイドの意図しない方向にその人が進んだらどうするのですか？」

そこで、私のガイド、一番出番の多いルリカさんに聞いてみました。

圭　どうするんです？
ル　勝手にしてもらうわ。
圭　……ルリカさんの私に対する態度ではなくて、普通のガイドはどうなのか？　というところが聞きたいのですが。
ル　ガイドは人を導くのではありませんよ。ガイドとハイアーセルフ、そしてあなた達、みんなで決めた道にそって歩いていけるようにと、協力しているだけです。導いているわけではありません。あなた達の意思も尊重しているんだから。ただし、あなた達が覚えているかどうかはわかりませんけど。こう言う話、以前もしたと思うけどなんで今さら？
圭　最近、私のブログ読んでいる人とかいるでしょうから。こういう情報もたまには流しておかないと。私のガイド観を知ってもらったほうがいいでしょう。

ル　今目の前にある情報のみにふりまわされるような人物ならば、ここで書いたこともすぐに忘れてなんにもならないわよ。知ろうとする意識の高い人はもっと知識を集めようとするでしょうから、あなたがここに書く必要はないわよ。

圭　厳しいこと言いますね。それ言われるとこの話し自体がなくなるんですけど。

ル　サービス精神があるのはいいけど、人にはそれぞれ学びのタイミングがあります。この情報が何も役に立たない人も多いのよ。それでもこういう情報を流すの？

圭　今必要でなくても、これを読んだあとで何年かしてから意味を成す場合もあるでしょう。私の場合もそういうことよくありますし。なので、情報はとりあえず流す。それを基本としていますが。

ル　そう、あなたがそう言うなら分かりました。お付き合いしてあげるわ。

圭　いつも思うのですが、上から目線ですよね。

ル　それはそうでしょう。あなた達よりも実際に上のフォーカスレベルにいるんだから。

圭　なんかつまんないオチですね。話がかなり逸れましたが、この質問の答えは？

ル　私たちの決めた道筋から逸れそうになること自体考えられません。なぜって、あなたの意識も私たちも基本的に同じなのですから。だから同じ課題が何度も目の前に現れる場合は、それを自分で引き寄せて、そこをクリアできるまで取り組めるようにしているのよ。まあ、私のようなガイドとあなた達を別存在として認識している場合は、あなたの意識とは別にガイドはこういう試練を準備しているように見えるでしょうけど。

圭　それは、ガイドを自分自身と考えるかどうかでかなり見え方違ってきますね。やらされている感と、自らやっている感で。

ル　仕事も同じでしょう？　自分で責任もって「やらねば成らない」と思ったことは積極的にやると思うのだけど？　でも会社にやらされているしなあ、と思う場合はそうではないでしょう。だから「ガイドにやらされている」と思う人がいたら、その人は永遠に何も学ばないまま人生を終わるのよ。

圭　なんか、いつも言い方キツイですね。

ル　ま、そういう人生もあるということです。それも学びですから。何も学ばなかったと思っている人生を学んだということね。その意識が別の生に情報として伝わるのですから、I／T的に見ると別に無駄ではないのですよ。

圭　そのあたりの認識が人それぞれに思えるのですが。

ル　私はあなたの一番認識しやすいロバート・A・モンローの定義した世界観に合わせて話しをしています。なので、他の世界観を持っている人にはちょっと認識が合わないかもしれないわね。でも、そういうものよ。人それぞれ考え方が違うのですから。

圭　向こうの世界の共通認識は難しいですよね。

ル　すべて、ある特定の個人が言い出した世界観にそっていますからね。ある人は生まれ変わりがないと言うし、あるとも言うし。ガイドは天使だという人もいれば、あなたのように何でもありの人もいるし。いかにそういう話の中から、大切なエッセンスを抜き取れるか、その香りを感じられるか、そこが大切なのだと思いますよ。

圭　ガイドはそういうときに、私たちに対してその理解を進めるような何かをしているんですか？

ル　私とあなた達で決めた道を進む際に必要な情報はすべて今までに見せています。そこから何を学ぶかはあなた達次第。その情報の中から何も感じられない場合は、さらに先まで同じような情報が提供されてくるはずです。ガイドは辛抱強く数歩先を見越して情報を流しているのですよ。あなたは私たちの日の目を見ないこの苦労が分かっているのかしら？

圭　それを言わないとガイドらしいのですけどね。

ル　その「ガイドらしい」というのもある種の囚われなのですからね。

圭　じゃあ、世界中は囚われ意識だらけですね。

ル　そうよ。なんだかフォーカス23～26くらいまでの囚われ領域が悪いようなことを言われる方もいらっしゃるみたいですけど、これだけの人間がいるのですからあってあたりまえです。その囚われ領域すらも自らの一部だと認識して対応することが大切なのですよ。

圭　自分って定義は広いですね。

ル　目の前にあるモノはすべて自分の映し出した幻影だとでも思うといいんじゃない？

圭　それはまた飛びすぎた意見ですね。

ル　それくらい開き直ったほうが、世の中の真実が見えてくるものなのよ。心を開くのは思考を開くことも大切なのよ。

圭　ダークサイドとか悪い宇宙人とかの話は？

ル　それはこの質問の趣旨ではないんじゃない？

圭　え、今まで趣旨にそって話していたつもりなんですか。

ル　囚われ領域の話しも、ガイドの見え方も、すべては最初の質問につながっています。私を見くびらないでください。あなたのガイドを何十年やっていると思っているの。あなたにこう質問すればこう答えが返ってくるというのもお見通しです。

圭　じゃあ、こうやってやり取りするのは意味ないのでは？
ル　私が知っていてもあなたが知らないのでは意味がありません。こういうコミュニケーションの形を取ることで、情報の交換を行なうのです。いきなり頭の中にこのイメージだけぽんとやっても理解するのに時間かかるでしょう？　それよりもこういう会話形式をとったほうが、あなたにとって理解がしやすいからこういう面倒な手順を踏んでいるのよ。
圭　そんなもんなんですね。
ル　そんなもんなのよ。

まあ、なあなあで終わってしまった気がしますが。まだいくつか質問考えていましたが、一つの質問でこれだけ長くなるとあとが大変なので、今日はこれくらいで。

【ブログ】2009.5.26

最近食卓に季節の野菜が並ぶので楽しいですね。旬の野菜は塩茹でくらいで美味しいものです。自然から栄養をガッツリいただいていますよ。

さて、今日のヘミシンク。いきなり隠居ガイドとの対談です。テーマはガイドの思考回路について。多少個性的なのであまり参考にならないかもしれませんが、ルリカさんとの対話。

ル　何、この紹介。私が変だとでも言いたいの？

圭　ほら、普通、ガイドというとなんかもっと優しいイメージあるじゃないですか。手取り足取り手伝ってくれるような。

ル　甘いわね。私たちはあなた達が成長するためにサポートしているのですから。そう簡単に人生歩ませないわよ。

圭　そもそも、ガイドに対する人のイメージといえば、危機的な状況を解決してくれそうな、ありがたいメッセージをくれるとか、今の状況を打開するすべを教えてくれるとか、そういうこともしてくれそうなものですが。どうなんでしょう？

ル　そういう考えがいけないのよ。まず自分でやってみなさい。それから私たちは手助けを行ないますから。転ばぬ先の杖じゃないですけど、そんなに先手をまわしていたら何の成長もしないじゃない。安住の地にいるものほど弱いもの。

圭　言いたいことは分かりますけど、やっぱり頼りたくもなるものですよね。

ル　そういうときは、頼り方もあるのよ。なんでも「助けてください。今の状況を解決してください」と人任せじゃ誰も手伝ってくれないわ。前のあなたのように、すぐに何かあると私たちの意見を聞きに来ようとする。そんな人を頼ろうとするような考え方だと、私たちは現れません。自ら道を進んでいる人物に対してのみ、私たちは援助を行ないます。「自分の進むべき道が誤っていたら、妨害してください。そして、進むべき道であるのならば援助をお願いします」のような前向きな思考でいてくれれば、私たちもアクセスしやすくなって、援助もやりやすいのよ。

圭　その考え方だと、「引き寄せの法則」とかはどうなんです？　前向きでないことでも叶う場合がありそうでしょう。そもそもガイドがそういう考え方だったら、引き寄せの法則もガイドの胸先三寸ってことになるんでしょうかね？

ル　おおまかに言うと、そういうことね。あなたの成長に適していると思えば、あなたが望むものを引き寄せられるよう手配するわ、というか、いずれ自分に手に入るものを基本的に欲しがっているものなのよ、あなた達は。

圭　そうなんですか？　でも、道路で困っているアラブの石油王を助けて、その人がお礼にと言ってカバンいっぱいの札束くれたりするといいなあ、とか思っていても叶いませんよね？

ル　バカじゃないの。そんな自分でも信じてないものが叶うわけないじゃない。「信じる」と「信じているつもりになっている」のは基本的に違います。「信じる」というのは、魂のレベルで刻み込まれた思い。「信じているつもり」のものは後天的に思わせられているもの。欲や恐怖から欲している願望は基本叶いません。

圭　でも、お金欲しいと思っていたら小切手が入っていたとか、そういう話ありますよね？

ル　それは、その人がそうなることを無意識に知っていたから、そう思ったのよ。そう思うようにガイドから導かれていた、ということもあるわね。

圭　その無意識の情報というのはどういう流れなんですか？

ル　基本的に、あなた達の人生には流れが存在しています。その流れに沿って、あるポイントポイントにイベントが用意されているわけよ。そうねえ、あなた達恋愛シュミレーションゲームやったことあるでしょう？

圭　かなり昔にありますが。『ときめきメモリアル（註9）』とかでしょう？

ル　それと同じです。あれもストーリーに流れがあって自分の能力の値によって起こる出来事が変化していくでしょう？　あなた達はすでに攻略本を一通り読んでいて、無意識に先に起こる出来事をなんとなく知っているのですよ。それが、急に思い立ったとか、なぜか無性に好きなこと、なぜか将来やらないといけないことのようにずーっと思っていること、などそういう気持ちになっているものがそうなのよ。そこには損得はあまりないはずです。なぜかやらねばならない気持ちになってくるか、周りからそういう流れに乗せられるか。

圭　小さい頃からミュージシャンになりたい、と思っている人がなるというのは分かります。でも、その後ちっとも鳴かず飛ばずの人もいますよね。その場合はどうなんです？

ル　その人の人生は、ミュージシャンになるという流れの先にまた別の流れが存在しているから、その分野では成功しないのですよ。

圭　本人の努力とか関係なく？

ル　努力したいと思う原動力はなんでしょう？　それをしていることで楽しいとか、充実感があるとか、生きている実感があるとか、そういうところではなくて？　そういう気持ちがあると、努力もし、壁に当たっても先に進もうとします。

そのあたりのない方は、壁に当たったら道を変更します。でも、それでもいいのですよ。そういう生き方を選ぶ人のほうが多いのですから。沢山やることやって、いろいろ学んで、そして、最後にどの辺に落ち着くか。それはその人次第です。いい人生も悪い人生も基本的にはありませんから。

圭　その人生を良くするために引き寄せの法則とか言われているわけでしょう？　それすらも先に決まっていたんじゃ、なんかやる気なくなりますよね。

ル　そう思うのはあなたの勝手よ。あなたは一体何をしたいの？　そして何を本気でしたいの？　何をするためにそのものを引き寄せたいの？　それを一度考えてみるといいわ。魂の願いに気がついたとき、人は本当に幸せになれるのよ。それが真の幸福であれば、なぜ今幸福でないのか？　そこをじっくりと向き合って考えること。人の価値観で幸福を計らないこと。人の基準で計らないこと。そのあたりが重要かしらね。引き寄せの法則、というのはあなた達が心の中から信じて、欲するものであれば間違いなく叶います。ただ「宝くじが当たれ！」とどこかの誰かのように思っていても、それを本当に信じているのか？　そして、「当たったらお金の管理が大変かな」「お金を狙って怖いこと起きないかな」などと少しでも思っていたら叶いません。なかなか願いが叶わない、そういう人は、このように心の内で実は否定しているのです。そのブロックをはずしたとき、願いは本当に叶うのだと思いますよ。

圭　思いますよって、ガイドなんだから断定して欲しいですね。

ル　だって、私はあなたのガイドですもの。あなたの場合を例に出して説明しているから、そうなるの。他のガイドには多少考え方の異なる存在もいるかもしれないから、断定はできないのよ。

圭　それって、あまり参考にならないってことじゃないですか。

ル　まあ、私の場合はガイドの一般論として言っているところもあるわよ。

圭　あなたの基準が一般的なんですか？

ル　何、その言い方。

圭　まあ、じゃあ引き寄せの法則というのは、先に決まっていようがいまいが、心の中から信じられるものであれば、確実に叶うということですね。

ル　ただし、内心に少しでもブロックがあるとダメよ。

圭　まず、何がその願いをブロックしているのか、そこを見つけないとダメなわけですね。

ル　そう。だから一度書き出してみるといいわよ。叶えたい願い、そしてそれに対し思いつく限りの否定的な考え。それを目にしてみると、思いのほか自分は沢山のブロックをしていることに気がつくわ。そこから地道にそのブロックを一つ一つ消していくといいでしょう。

圭　なんか、それって非物質的なアプローチというよりも、心理学的アプローチですよね。

ル　あなた達は現実世界で生きているのですから、現実世界に即した方法がなじみやすいでしょう？

圭　私もどちらかというと、こっち（現実世界）に近い存在なのですから。

ル　だからガイドは人間味があるのですね。

圭　いきなり高次の存在が来てあなたを導こうとしても、レベルが違いすぎて言っていることに納得いかないはずよ。あなたも何人か会ってるから分かるでしょうけど。

ル　確かに。高次になればなるほど、「すべては上手くいっている」で片付きますからね。

圭　私たちのようなガイドは、あなたが望めばブロックを手放す手助けをすることもできます。それは過去生とか現実世界でもいいですが、レトリーバルという手法によってね。

ル　それを繰り返すと、自分の本当の望みが理解できるようになるんですか？

圭　そう。自分にあるブロックをだんだん手放していくと、お金すら気にならなくなるくらいに自分の真の望みに気がつき、それに向かい全力で取り組めるようになっていくわよ。

ル　早くそうなりたいものですね。

圭　私も手伝ってあげるから、がんばりなさい。

ル　ところで、宝くじ当たりますかね？

ル　まずはその「当たりますかね？」という疑問形で聞くのをやめたら。

という感じでした。

＊　＊

以上がブログからの紹介でしたが、ガイドというと、崇高な存在で見守っている人のようなイメージかもしれませんが、私の場合はどちらかというと、友人や家族といった感じに近いと思われます。

ちょっとここで、この本を書く際に、ルリカさんと対談したものを載せてみましょう。

圭　このガイドを見た記録を本に書かないといけない気がするのですが、どうなんでしょう？
ル　書きたければ書けば。
圭　この、「書かなければいけない」という気持ちはガイドからのメッセージじゃないのですか？
ル　私は別にそんなこと言ってないわよ。
圭　え、じゃあ、書かないほうがいいですかね？
ル　だから、書きたければ書けば？　それがあなたの学びになるのならば、私は反対しません。
圭　結果がどうあれ、書いてみろということですか。
ル　ガイドが認めているのならば、それほど悲惨な結果にはならないわよ。
圭　本書いて悲惨な結果ってなんですか。

ル　本を書いたことで変人扱いされて家族は離散し、一人で寂しく失意のまま生きていくとか。

圭　それは悲惨ですね。

ル　まあ、そんなことにはならないから、書いてみればいいわよ。

圭　何かいいアドバイスないんですか。

ル　そうね、私をメインに書いてくれたら成功するわね。

圭　ガイドのくせに自己顕示欲があるのか。

ル　何言ってんの。かわいい女性が登場したほうが、読者の心を揺さぶるものよ。あなたの成功のために一肌脱いであげるのよ。

圭　別に脱いでくれなくてもいいですよ。ムネないし。

ル　何か言った？

圭　いえいえ、まあ、手伝っていただけるのでしたら、ぜひお願いします。でも、どうやって出てくるつもりですか？

ル　ガイドの解説のところで、対話形式で登場してあげるわよ。映画の解説みたいな感じで面白そうじゃない。

圭　ガイドが人のガイドを解説するのですか。確かに斬新ですが、それって良いんですか？

ル　何が？

圭　ガイド同士ってつながっているんでしょう？　情報のやり取りをしているという話を以前していましたよね。

ル　そうよ。だからいいんじゃない。あなたの知らない情報を追加できるかもしれないし。

圭　そういうことなら、面白そうですね。ぜひお願いします。ところで、ルリカさんだけですか？　ジーラは？

ル　ジーラはしゃべらないから面白くないでしょう。一応一緒に来てもいいけど、あまり参考にならないと思うわよ。

圭　でも、せっかくですから、３人でガイド拝見を振り返るようなことをやってみたいですね。

ル　あなたがそう言うのならば、やってあげてもいいわよ。

圭　いつも思うのですが、なんで上から目線なんですか。

ル　いつも言うけれど、あなた達より高いフォーカスレベルにいるからよ。

という感じで。なぜかガイド拝見の結果だけを書いて本にしようかと思っていましたら、急遽私のガイドと対談しながら、という方向性になってしまいました。

まあ、こういうやり方も、私らしくていいのかな、と思いまして、「ガイド拝見」（ページ39）のところからは３人（私、ルリカ、ジーラ）でお送りいたします。

まるの日圭的ガイドの見方

私のガイドをみる方法は、意識をフォーカス21にある「まるの日カフェ（註10）」に移動させ、そこに依頼者の意識を呼び出します。そして、そこからガイドをみるという手順で行なっています。これは私のオリジナルなやり方ですね。
実は、前作を書いたあと、私の作った「まるの日カフェ」にいつの間にか従業員が住み着くようにな
りまして、その従業員がガイドをみる際にとても重要な役割を果たすようになっています。
ちょっと、従業員が登場した頃のそのあたりのブログ文章を載せてみますね。

＊　＊

【ブログ】2008.10.24

今日はカフェの外にある椅子やテーブルがハッキリとイメージできます。そこで、一つの席に座って
みると、向こうからピシッとウエイターの格好をした若い男性が歩いてきて、水を置いてくれました。
私は何気なくお礼を言って、はっと気付きました。
私　ちょっと待って。
男　はい、なんでしょう？
私　君、誰？
男　私は「ミシェル」と言います。
私　いつからここにいるの？
ミシェル（ミ）　つい数ヶ月前から。前に大勢で来たことあったでしょう？　その時から外席のお客様
　の相手をしています。

私　知らなかった。勝手に従業員が増えているなんて。
ミ　こちらでも働きたい方は大勢いるのですよ。そういう方があと何人か働いています。
私　時給は？
ミ　そんなものありませんよ。人様と接することが楽しいのです。
ミシェルはニコニコと笑って、楽しそうにしています。こういう好青年がいたら、そのカフェは繁盛するだろうな、とか考えてしまいました。

しかし、カフェはいつの間にか勝手に運営されているようですね。今度、従業員名簿でも作ってみましょうかね。どうやら私が確認している以外にも数人存在しているような気がしますので。

【ブログ】2008.11.1

今日のへミシンク。ちょっと疲れ気味なので、取りあえずフォーカス21を聞いてみます。彼にでも会って何か話を聞こうかと思いまして。そして、まるの日カフェに到着。そこには何人か人がいて、お茶を楽しんだりしています。女性の2人組がやってきてテーブルに座ると、どこからともなくウエイトレスが現れました。そして、注文を取っています。「ランチセットをお願い」という声が聞えてきました。ランチセット？　いつの間にカフェでランチまで始めたのでしょう。それにあのウエイトレスは誰？

そのテーブルを見ていると、ウエイトレスが美味しそうなランチの乗ったプレートを運んできます。ちょっと食べてみたいなあと思いつつ、ウエイトレスを私がいるテーブルに呼んでみました。かわいらしい返事をして、ニコニコしながらこちらへやってきます。

私　君、誰？
？　私は、ここで働いている「はるん」と言います。
私　いつから働いてるの？
は　つい数日前からです。

いつの間にやら、カフェには従業員が増えているようです。そこで、私はとりあえずケーキセットを頼んでみました。来たケーキを食べていると、

は　ここのケーキの味は、あなたの作る味がベースになっているんですヨ。

と教えてくれました。？？？私が作る味？？　作った覚えがないけど。ケーキを食べたあと、ミシェルは今日はいるの？　と聞くと、中にいると教えてくれました。店の中に入ると今日はミシェルがカウンターのところにいます。

私　今日、彼と会うんだけど、何か手土産に良さそうなものないかな？

私が聞くと、それなら良いものがありますと言って、小さなオレンジ色の巾着袋《きんちゃくぶくろ》を手渡してくれました。これ何？　と聞くと、彼にふさわしい物です、と微笑みながら答えてくれました。

中を見ていいのかと聞くと、どうぞと言うので覗いてみるとドングリのようなものが入っています。これはエネルギーのもとになるというドングリだそうで。まさか彼が食べるのではあるまい、とは思いました。しばらくすると、カフェに彼が現れたので、一緒に移動します。

しかし、ここのところの疲れが出たせいか、体験していていることは確かなのですが、何をしていたのか、すっかり忘れてしまいました。体験中に見えたことをメモしていればよかったのですが、彼からエネルギーをもらったりして気持ち良くなっていたので、「後でメモしよう」とか考えたのがいけなかっ

たですね。それに、聞き終わったあと、すぐに仕事のことを考えたのもいけませんでした。しばらく思い出す必要があったのですが。

断片的に憶えているのは、妙にリアルなものが見えていたということ。カードのようなものが見えて、その右端に「１４６９」という4桁の数字があったのを見たり、ヘミシンク中に私は座っているのですが、その自分の体を見下ろしているのを感じたりしましたね。

まあ、こんな感じで、今日のヘミシンクは終了でした。メモは見たときに取らないといけないという教訓ですね。なので、今日は「まるの日カフェ」従業員のミシェルとはるんちゃんのイラスト（上）載せときます。もし会ったら声をかけてみてください。はるんちゃんは萌え系です。

＊　＊

という感じで。一人はウエイターっぽい「ミシェル」もう一人は萌え系ウェイトレス「はるんちゃん」。で、この人たちは一見、普通の（?）従業員ですが、実は凄い人たちでして、ミシェルは名前からお気づきの方もいらっしゃるかと思いますが、あの有名天使の関係者です。はるんちゃんは、一見ただの癒し系かと思いきや、まるの日カフェで非物質の存在と出会うコーディネーターでして、まるの日カフェに行き、このはるんちゃんにお願いすることで、ガイド、先に非物質の存在になった友人、家族などに会わせてくれます。ガイドをみるときも、私はこのはるんちゃんというキャラクターを活用しています。

手順を詳しく書きますと、

①フォーカス21にある「まるの日カフェ」に意識をフォーカス。

②そこで、従業員の「はるんちゃん」、もしくは「ミシェル」にお願いして、フォーカス21に意識として来ている依頼の方のところへ案内してもらいます。

③そこで、依頼者と出会い、ガイドの姿をみます。たいていは背後から現れますが決まった見え方はありません。このガイドの現れ方にも意味があるようです。

④ガイドからメッセージを聞きます。イメージで送られる場合も多いです。

⑤そして、お礼を言って終了。

いう感じです。何度もこういうやり取りを繰り返すことで、一つの流れが向こうにできていくみたいです。慣れてくると、その手順を踏まなくてもみえるようになってきますね。パソコンでもアプリケーションを開いてプログラムを作動させますが、それと同じだと思っていただけるといいです。慣れてくると、ショートカットキーを自分で設定するようになりますので。

面白いことに、これが一度出来上がると、他の人も活用できるようになってきます。「はるんちゃんにお願いしてモンローさんと会おう」という企画を行なったとき、実際に何人もの方がこの方法で会われています。独学で、何か目的もないなあ、という方はぜひ、この「まるの日カフェ」「はるんちゃん」というツールを活用されてみてくださいね（上イラスト）。

イラストの「まるの日カフェ」外観と「はるんちゃん」は、それぞれに見るえ方が異なる場合も多いですから、イメージ作りの参考程度にしておいてください。最初はみえなくても、想像で行ったつもり、話したつもりになって進めてくださいね。それを繰り返すことで知覚が開いてきます。「まるの日カフェ」が、実はこの頃からイギリス風のハーフティンバー様式の外観になってしまいまして、そのイラストを今回載せています。中身はいままでどおりです。ここまで読んで、「なんだこの本は？」と思われそうで怖いですが、あくまで、これは私の見た世界ですから、認識の仕方は人それぞれです。ご自分の認識しやすい形に置き換えてご理解くださるとありがたいです。

これからは私のみたガイド達の様々な姿とメッセージが出てきます。中に書かれている文章は、ブログよりそのまま抜粋（区点、てにをは、言い回し、行替えなどは若干修正）しています。文章の上部に罫線が引いてある箇所が、ブログです。

その時の臨場感は、その時に書いた文章から一番伝わると思い、長くてもそのまま載せています。それに、ガイドの登場の仕方から、そこにメッセージがある場合もありますので。

これは私のみたところ、ということですので、まあ参考程度にお読みください。

なお用語の使い方ですが、ここまで「見る」と、「みる」を使い分けてきました（編集部の意向）が、これからは「見る」で統一します。ガイドの姿を目で見るわけではないので、「みる」なのかもしれませんが、感覚的には「見る」でもいいような気がしますので。

2章　ガイド拝見、チャレンジ100！

圭　さて、これから実際にガイドを見ながら話しを進めていくわけですが、どういう感じにしましょうか。

ル　それは、あなたが見た中で印象深い方々のを選んでいけばいいのではないの？　全部載せていたら本が2冊くらいになっちゃうわ。

圭　そうですね。じゃあ、最初は私にとっての印象深い方から見ていきましょうか。

【おことわり】
実際、100人以上の方々のガイドを拝見したのですが、プライバシーの関係や紙面の都合上、すべてを載せることはできませんでした。

人間タイプ　割とノーマル

《ガイド拝見／1　青いドレスの女性》

ガイドを見て見ると、青いドレスの、美しい女性が現れました（左イラスト）。見た目は、どこかのお姫様系です。全般的にメッセージは？　ということで、聞いてみますと、

「様々な知識を得て学ぶのはよいのですが、それを気にしすぎると本来得られる物を見失ってしまいます。今日の前にあるものをしっかりと見ること。これも大切な学びですよ」

「人が書いた情報は、すべて参考意見にしかなりません。科学的な情報もそうです。98％の確率で起こります。と言われても、１００人中98人はそう思うかもしれませんが、２人はそうではない結果を目にするのです。

この場合、どちらが真実でしょうか？　そう、どちらも真実です。その２人にとっては、98人が体験した出来事のほうが、参考意見になる訳です。

今、自分にやってきている体験は何なのか？　そして、それから何を得るのか？　そこが大切なのであって、他の人の得た体験に合わせるのが重要なわけではありません。ご自分の見えているものを信頼して、それを良く見てくださいね」

というようなことを言われていました。

「外にあるものは、内にも存在しています。内面から湧き出す『直感』を大切にされてください。そこに、得るものがあります」

と言われまして、そして最後に、

「あなたは、今素晴らしい体験をされています。もっと自信を持たれていいですよ」

と言われて、去っていかれました。雰囲気は少し厳しくもあり、優しい方でしたね。ただこの時になぜか名前を聞き損なってしまいましたので、これはガイドからの宿題ということでお願いします。

＊＊＊＊＊＊＊＊＊＊＊＊

圭　この方は、私が最初にガイドを見た方なんですよね。ただ今回のように見たのではなく、レトリーバルをしているときに、ちらっと見かけたくらいでしたが。そのときのことをタイさんに話したら、「そうやって人のガイドを見るのも訓練になりますよ」とアドバイスいただき、そこからガイド拝見を始めた経緯があります。

この方からは共同探索の提案とかもしていただき、ミクシィに紹介していただいたりして、私にとってのキーパーソンですね。今回のメッセージは、何ヶ月か後にしっかりとガイド拝見させていただいたときのものです。

ル　私たちガイドは、人を通じてアドバイスを与えることはよくあります。この流れもすべて私たちのお膳立てなのよ。感謝してよね。

圭　本当ですか？　アヤシイな。

ル　あなた達のことを考えて、影でいろいろと手を回しているのよ。ガイドは日の目を見ない地味な仕事なの。

圭　その割には、こうやって表に出てきますよね。

ル　たまには存在をアピールしとかないと忘れられるじゃないの。

圭　キャラが濃いので忘れたりしませんよ。さて、ここからは、普通の、ガイドっぽい方から見ていきたいと思いますが、いかがでしょう?
ル　最初は普通な感じのほうがいいでしょうね。いきなり妖怪系だとみなさん驚かれるでしょうから。
圭　そういえば、ジーラしゃべってないですよ。
ル　別にいいのよ。しゃべりたくなったらしゃべるでしょう。
圭　いる意味あるのだろうか……。次に、最初の頃のガイド拝見を見てみましょう。

＊＊＊＊＊＊＊＊＊＊＊＊＊＊＊＊＊＊＊＊＊＊＊＊＊＊＊＊＊＊＊＊＊＊＊

《ガイド拝見／2　室伏ばりの胸板を持つ男性》

今日は人のガイドと遭遇することも行なってみました。どうやって会うかというと、フォーカス21のカフェに本人の意識を呼び出しまして、その後ろをじーっと見て感じてきたイメージを見ています。

まず屈強な男のイメージが来ました。そして、詳細を見てゆくと、ギリシャ風の格好をした屈強なおじさんです。髪は巻き毛で髭を生やしていて、胸板は室伏ばりに分厚くてまるでプロレスラーです。でも野蛮な感じはしなくて、知的で優しげな雰囲気も持っています（左ページイラスト）。

せっかく会ったのだから、私の知覚訓練もかねて、メッセージを聞いてみました。ヘミシンクに関して聞いてみると、「笑顔。導きに従いなさい」と言われました。何か意味がある言葉のようですが?

ただし、私はこう見えた、という話ですので違うものが見えても否定しないでくださいね。

圭　この頃は去年（'08）あたりのものですね。ブログの超常連さんのガイドを拝見させていただいたときのものです。

ル　かなり、メッセージがざっとしているわね。

圭　そりゃあ、この頃はガイドの姿を見ることがメインでしたから。

ル　絵もいまいちだし。この人もっとカッコよかったでしょう。

圭　しょうがないでしょう。まだ慣れていないんですから。やっとカフェを見るという方法が確立してきた頃のものですから、まだいっぱいいっぱいだったんです。イラストも、かなりイメージイラストになってますし。体格はもっとマッチョなんですけどね。

ル　これだと、かなりしなびたおじさんだものね。

圭　まあ、でもこのときにお返しコメントいただいたのはかなり励みになりましたね。本当にガイドと会っているのか？　と不安でしたから。まったく見当違いのこと言っているんじゃないかとヒヤヒヤでしたよ。

ル　大丈夫よ、私たちがあなたのレベルに応じた方々から見られるようにしているのだから。

圭　じゃあ、この頃に見ていた人々は、見やすいほうだったと？

ル　そう。ブログをいつも読んでいただいている方は、意識もあなたと同調しやすくなっているの。だから、長い間ブログを読んでいただいている方を最初に見るようにしてたのよ。

圭　これもガイド同士の取り決めですか。

ル　そうね。

圭　じゃあ、次も初期の頃から持ってきましょうか。

ル　どうぞ。

《ガイド拝見／3　ユリアさん》

まるの日カフェの外席で依頼の方とお会いし、その後ろをじっと見ます。だんだんイメージが見えてきました（左ページイラスト）。

肩のあたりで切りそろえた金髪っぽい髪、見た目はちょっとロビンフットの時代っぽい格好です。年齢的にはまだ若い感じ。しかも、手に楽器を持っていまして、「リュート」？　と言っていた気がします。

初めて人のガイドの名前を聞いてみましたが、「ユリア・スターチェ（ストゥーチ？）」みたいな発音の名前を言われました。あくまで、私の聞いたところによると、ということですので。

そこで、アドバイスは何かありますか？　と聞いてみたところ、「思い込まない。見たものを受け入れる。フォーカス15をやってみたら？」というような内容のことを言われました。過去生を見てみては？　という感じでしたが。

一応、以上のような感じでした。今回は初めて名前まで聞けたのでちょっと発見でしたね。ただし、私が見たら、というところですのでご自分で見たときに違う名前言われても自分の見たもののほうを信用してください。私の知覚が１００％信用できるのならば自信を持って、「こうです！」と言えるのですがね。まあ、参考程度にお願いします。イラストは見えた姿を書いています。まあこんな感じということで。しかし、なんで楽器持っているのか？　ひょっとして過去生に関連する人かもしれませんね。

＊＊＊＊＊＊＊

圭　今回は、初めてガイドのお名前を聞いたんですよね。

ル　とはいえ、あまり明確ではないわね。

圭　発音が難しいと聞き取りにくいのですよね。耳で聞くわけではないですから、脳内で認識しにくい発音だとアヤシイもんです。

ル　この人、ガイドは過去生ね。

圭　なんで分かるんです？

ル　それは、同じＩ／Ｔで、過去からのつながりを感じるもの。

圭　そもそも、同じＩ／Ｔつながり以外のガイドっているんですか？

ル　それはありえないわね。直接的なＩ／Ｔメンバーではなくても、そのＩ／Ｔに関係する存在の場合もあるけど。

圭　それにしても、ルリカさんがそういうの分かるんでしたら、ガイド拝見のときに一緒に来てくれれば良かったのに。

ル　そんな、私が何でも教えたら何もならないじゃない。勉強させるためにいろいろやっているんだから。楽はさせないわよ。何でも自分でやってよね。

圭　相変わらず厳しいですね。さて、次はちょっと見え方に特徴のあった方を。

《ガイド拝見／4　峰子さん》

ガイドを見ようとすると、イメージがころころ変化して固定しません。騎士みたいなのだったり、武士、女性、老人、男性と変化するので、「今一番メッセージを伝えたい人出てきてください」と聞きましたら、一人の女性が現れました（左ページイラスト／どっかで見たことのある構図だなぁ、と思いながら描く）。

見た目は大正ロマン、竹久夢二風の人です。美しい振袖と切りそろえた髪、名前はミネコ、と聞えたので、私が「峰藤子？」と聞くと、「峰子！」とちょっと怒られました。

で峰子さんに、メッセージは？　と尋ねると「色恋ざたでは、もっとドライになって」と。続いて、海のイメージが見えてきました。どこかの海岸でしょうか？　それと、花、色彩のイメージがばあっと広がります。何か関連があるようですね。

そして、ハートの絵が現れて、だんだんピンク色に塗られていき、峰子さんが「素敵な恋が始まりますよ」と言いました。

今の相手との関係が進展するのか、あたらしい相手が出るのかわかりませんが、まあ、そういうメッセージということで。私もあまりはっきりと聞けないところでもありますので、メッセージなどは心当たりのある箇所だけ採用しておいてください。イメージイラストは、こんな感じでした、というものですので参考程度に。

圭　美しい方でしたね。

ル　私より？

圭　女性としての美しさですね。ルリカさんは見た目少女でしょう。

ル　何、私より年上のようなその言い方。私はあなたがオシメつけているときから面倒見ているんですからね。

圭　今はそういうことという場合じゃないでしょう。このガイドさんの時もそうでしたが、最初に多数のガイドの存在を感じるのですよね。しばらくこのような感じで多数の中から誰かが出てくるというパターンがありましたが。

ル　ガイドは一人の人に何十人、へたすれば何百人とその気になれば見えるはずよ。それは非物質的に影響を与えてくる存在をすべてガイドとあなたが認識しているから。このあたりの見え方は見る人の認識力に左右されるわね。

圭　それはどういうことで？

ル　ガイド＝守護霊と考えている人には、過去生のガイドが良く見えたりします。もしくは、特定の人物しかガイドになれないと思い込んでいる人もそうですね。なにか徳の高そうな人しか見えないでしょう。あなたの場合は、今この状態で接触しやすい存在を適当にチョイスしている感じね。

圭　ということは、他の人が見ると違うガイドに見えたりするということですか？

ル　あちらのガイドが、その必要があると認識したときは同じ存在と接触できるでしょうけど。

圭　なんでもガイドの胸先三寸なんですか。

ル　非物質世界のことは、私たちに任せなさいな。

＊＊

《ガイド拝見／5　夫婦のガイド》

まず、奥さんのガイドを拝見させていただきました。コメントには、ご主人のガイドも、ということでしたので、お二人まとめて拝見です。最初にお二人の印象ですが、奥さんのほうは、髪が長めで丸めの顔？　というイメージ。ご主人は、ぼんやりとした感じでした。

最近思うのは、女性は常に自分を鏡に映すので、自分の姿に対して無意識に形作られているのではないかと。男はざっとしていますしね。なので、女性のほうが向こうで見た時にハッキリとイメージが見えるのかなあ、と思ったりしました。まだ確認中ですけどね。

そして、現れたガイド。ご主人のほうには老人が登場（左ページイラストの右側の人物）。それも浴衣を着くずしたような感じで着ています。ちょっとカタギではなさそうな雰囲気があります。老人とは言え、眼光鋭い感じ。そして、メッセージが、

「賭け事に興味が出ても、それはやらないほうがいい。そういう才能はないのだから」

と妙に具体的に言われておりました。パチンコ、競馬、宝くじ、そういうもの全般にでしょうね。

そして、どうやればヘミシンクが上達するか聞いてみますと、

「とりあえず瞑想でもして、なぜ自分がヘミシンクをやりたいのか、そこを考えてみるのが良い。紙

に書き出してみるのもわかりやすくて良い」

と言われました。他にメッセージは？　と聞きますと、

「ガイド関係でも夫婦関係でも、ほどほどが重要」

で、名前を聞くと「菊衛門？」のようなことを言われました。なんで、そのような格好なんですか？

と聞くと「風呂場で死んだからじゃ」とはっはっはっあと笑ってます。豪快な方のようですね。

続いて、奥さんのほうを見てみますと、丸い顔に細い目、一瞬「お地蔵さん？」と思ってしまいましたが。他にも、中年男性、中年女性、丸坊主の中学生くらいの子供が見えます。みんなニコニコ微笑んでいますので、ガイドだと思うのですが。

そこで、さっきのガイドを見ると、中国風の子供になっていました（上イラストの左側の人物）。なんだか、絵に描いたような中国人です。名前は「リー・ロン（李竜）」みたいな発音でした。

「ヘミシンクには、ダイエットと同じで停滞期が必ずくる。そのときに、三カ月くらい我慢していれば、新たな展開がやってくる」

と言われていました。一見何も起こっていない停滞期にみえても、脳内ではちゃんと変化が起こっているようです。

気をつけることは？　と聞きますと、洗濯物を干しているイメージが見えました。何か心当たりがあるならばご注意を。で、カフェでお二人を見ていると、いつも仲良く寄り添っているように見えます。そこで、二人の関係を聞いてみますと、

「魂的にもパートナーとしてきているのだから、その関係を上手く続けていきなさい」と言われて、蝋燭《ろうそく》の立ったケーキのイメージが見えてきました。最初3本くらいだったのが、だんだん数が増えてきている感じです。これは何かの象徴だと思うのですが、私的には、結婚記念日が何度も来るようになるということではないのか？　と。何か別の解釈があるかもしれないので、そちらのご判断にお任せします。

他にも、「人の出会いは財産。それを繰り返していると、いい運気を呼び込むこともできます」「家庭で愛を育み、それを周りにも広げていきましょう」というお話しも。

他に、6時を示した懐中時計も見えましたが、これは何を意味しているかはご判断お任せします。以上のような感じでした。あくまでこれは私の見た場合、と言うことですので、参考程度にお願いします。

＊＊＊＊＊＊＊＊＊＊＊＊＊＊＊＊＊＊＊＊＊＊＊＊＊＊＊＊＊

圭　ガイドさん、お二人とも良いこと言われていますね。どこかのガイドに見習ってほしいものです。

ル　ガイドはその本人の写しです。ガイドの性格に問題があるのならば、それはご本人に問題があるのではなくて？

圭　ああ言えばこう言うガイドもいるし。しかし、このときに見たガイドのメッセージも、ご本人さんに心当たりのあるものが多かったようでしたので、安心しましたよ。ケーキのローソクは結婚の年数を表していたみたいで。ちょっと小粋な演出でしたね。

ル　この方も長くブログを読まれていたからよ。へミシンクに理解のある方々は意識がつながりやすいから。あなたもガイドとコンタクト取りやすいはず。

圭　そうなんですよね。常連さんからの依頼だとメッセージも的を射ている感じでしたが、後ほどガイド拝見を募集したときに来た方々の場合は、微妙なのもありましたからね。

ル　どうしても非物質的なつながりの良し悪しが、こういうガイドとのコミュニケーションには影響してくるから、そのあたりは自分で判断してよ。

圭　こういうときに調整してくれたりしないいんですか？

ル　人のガイドを見て、いろいろ考えるのも学び。だから学びの多いように調整はしてあげているわよ。

圭　それって、楽させないぞ！　ってことですか。

ル　それはあなたの認識次第。ガイドのメッセージを解釈するのはご本人ですから。

圭　ガイドって、意外と役に立たないですよね。

＊＊＊＊＊＊＊＊＊＊＊＊＊＊＊＊＊＊＊＊＊＊＊＊＊＊＊＊＊＊

《ガイド拝見／6　3人連続拝見》

今日のヘミシンク。先日から予告していましたように、3人の方のガイド拝見をさせていただきました。まずは、お一人目。

カフェにてそれらしい影を見かけたので追いかけましたら、どうやら私には気付いていない様子。ふらーっとさまよっている感じがしました。なので、私はすぐにガイドのほうを見ましたら屈強なクサリ帷子《かたびら》のような甲冑《かっちゅう》と兜《かぶと》を身に着けた大男が見えました。絵に描いたようなバイキングです。豪快に笑いながら兜を取ってくれました。髭と赤っぽい巻き髪の男性です。

お名前は？　と聞くと「ゴーシュ（ゴルシェ？）」みたいな発音です。勝手にゴルさんと呼ばせて

いただきましょう（上イラスト右／もっといかついです）。

ゴルさんに、メッセージは何かないですか？　と聞くと「恋愛にのめり込みすぎない。自分の体の声に耳を傾ける」みたいなことを言われました。恋愛と健康に注意、といったところでしょうか？　心当たりありましたら、ご注意を。それと、「両親に対して感謝の気持を忘れないこと」という内容も言われましたね。その後、豪快に笑いながらいつの間にかやってきた船に乗り込んで去っていきましたが。

「ここ、まるの日カフェだよなあ」と思いながら、なぜか波しぶきを浴びながらその光景を見送っていました。しかし、なんでもアリですね。

そして、お別れしてからすぐに次の方を見てみます。

こちらもややぼんやりぎみでしたが、ちゃんと椅子に座られていたので、カフェの記憶があるかもしれません。ガイドを見ますと、そこには天女風の人、よく見ると中国の宮殿とかにいる女官っぽい人です。名前は「リャウ・ミン」っぽい発音です（上イラスト左／切れ長の目で、いかにも中国人っぽいイメージでした）。

お盆にお酒のビンと杯を持って現れています。これは、酒に注意ということか、酒に関するメッセージか。ちょっと私には分りませんでしたが。メッセージを聞いてみると、「おなか周りに注意」と言われました。そして、小さな女の子が楽しそうに走っている映像が見えました。「女の子を大切に」というメッセージも聞えてきましたが。今いらっしゃるのか、今後出会うのか？　一応、気に止めておいてください。

と、今回はこれくらいでした。

そして、最後の方。なぜ最後になったかというと、カフェの外にいなかったので。カフェの中に探しに行くと、いました。依頼者と、その前にはハットを被った怪物君のドラキュラ伯爵っぽい服装の人がいます。すっと立って振り返り、私に一礼をしてくれました。「私、リシェと申します」と先に名乗ってくれました。フランス人で、見た目は40歳くらい。なんとも自己主張の強そうなキャラです（左イラスト／もうちょっと老けていますが、私の画力だとこの程度ということで）。

そこで、メッセージはないですか？　と聞くと、「リモートビューイングをやってみては？」と言われました。どうやらそういう素質がありそうと言うことでしょうか？　それと、「夢はしょせん、夢でしかない。それに捕らわれることなく、あまり考え込まないこと」というお話しもされていました。「ヘミシンクのようなツールを使って、もっと精神的な学びをしなさい。私も手助けをします」というメッセージも受け取りました。

どうやら、もっとヘミシンクに励まないといけないようですよ。ガイドも応援しているようですから、心強いですね。ということで、今日は3名の方のガイドを見させていただきました。それぞれ、キャラが濃いですね。なのでヘミシンク中に会っても驚かないでください。それと、この人たちだけではないはずですので、他のガイドが見えても否定せずに仲良くしてくださいね。

圭　今回はまとめて拝見したときのものですね。多いときは一日4人くらい見ていましたからね。
ル　よくそんな時間あったわね。
圭　その分早起きしていますから。朝一で見たほうが接触しやすいですからね。それに、いかに時間を有効活用するか、そういうことを学んだ日々でした。ICレコーダーとかも買って、活用していましたよ。

ル　そうやって、私たちがいろいろ学ばせてあげているのよ。
圭　それって、ルリカさん達がまた裏で何かしていたと言いたいのですか？
ル　あなたの希望通りに、早く知覚力を上げたいという願いをかなえてあげたんじゃない。
圭　どうやって？
ル　こうやって、時間がないくらいガイド拝見の予定が来るようにして。あなたがやらざるを得ない状況に追い込んであげたのよ。

圭　それはまた、ありがたいのか迷惑なのか。
ル　ちゃんとガイドを見られるように、ギリギリに時間はあげていたでしょう？
圭　まあ、たしかに。会議とか重要な案件とかが先延ばしになったり、重要なところでは入ってこなかったりしましたが、あれは全部ガイドの仕業と考えていいのですか？

ル　そうよ。あなたがギリギリで考えつつ依頼をこなせる程度に時間をあげたのよ。
圭　なんでもっと余裕くれないんです？
ル　するとサボるでしょう？　あなたの行動はお見通しよ。だてに30年以上世話してないわよ。

圭　もっと楽して学びたいですね。

ル　なんでも苦労したほうが身につくの。あきらめなさい。

圭　まだ人生先が長いのになあ。

＊＊＊＊＊＊＊＊＊＊＊＊＊＊＊＊＊

《ガイド拝見／7　ガイドのチュー》

次のガイド拝見の依頼者は女性の方、仮にSさんということで。

ミシェルに今度はSさんのガイド拝見だよ、と言うと外席のガーデンっぽいところに案内されました。すると、そこには既にSさんが来られています。現れたガイドはパーカーを着て、スリムジーンズをはいている白人男子。まだ若いですね。カッコいいですし(上イラスト)。

私のイメージでは、ジェームスディーンをちょっとあっさりした感じでしょうか？

お名前は「シュバルツでいいよ」と言われました。ドイツ系？　何かメッセージは？　と私が聞くと、シュバルツ君はSさんの隣に座りまして、じーっとみつめだしました。そして、手を肩にかけて、目を覗き込んだまま言いました。

「そのままでいいんだよ。無理をする必要はない。そのままでいい。やるべきときでないときに、物事をやったときは、必ず上手くいかない。やるべきときに行なったときは、必ず上手くいく。多少の障害があっても問題ない。自然体でいることで、そういう流れを感じることが出来るようになる。欲を出して、突っ走らないほうがいいよね」

とガイドが言うと、Sさんは「欲じゃないんですけど」とちょっと言い訳をされました。すると、「欲でないのであれば、それは恐怖から出ているのではないのかな？　失う恐怖、得られない恐怖。そういうところからくるものも結局は自分の欲だよ。

そういうものに囚われると、今自分のまわりにあるものを見損なってしまう。自分を愛し、人を愛すること」

とか言いながら、シュバルツ君はじーっとSさんを見つめて、そしてチューってな感じでキスをしてしまいました。結構ディープ。

私は横で、「これは見ていていいものだろうか？　これ以上発展したら止めるべきだろうか？」とか考えてしまいましたが、私の役目は情報を集めることなので、まあ、失礼ながら観察させていただきました。

しばらくして、二人が離れますと、Sさんはうっとりとした表情を浮かべています。シュバルツ君は優しく微笑んで、「これが愛のエネルギーですよ。忘れないようにしてくださいね」と言いました。さすが、外人はダイレクトですね。

最後に個人的な情報を聞いて、そして、

「じゃあ、今日は伝えたいことは伝えたから、今度また、会う時を楽しみにしているよ」

そう言って、去っていきました。こんなプレイボーイ風の二枚目キャラは初めてじゃないですかね？

圭　これはびっくりしましたね。いきなりチューですから。

ル　私たちとエネルギーの交換しているようなことよ。あなたも私としているでしょう？
圭　キスはしていませんよ。
ル　でもしっかりと抱き合うことはするでしょう。
圭　エネルギー交換のときはやりますね。
ル　ガイドとあなた達、その間でエネルギーを交換することは、とても良いことなのよ。非物質的なエネルギーと現実世界のエネルギーのバランスを取る作用がありますから。ま、このあたりのやり方は個人個人で異なるけどね。
圭　それはどういうことで？
ル　この方はキスでしたね。あなたと私は抱き合うくらい。でも、もっと過激な接触を行なう人々もいるのよ。
圭　そんなに楽しそうに言わないでください。それに、ここではあまり下ネタ言わないでくださいよ。伏字だらけになってしまいますから。
ル　いいじゃない、そういう行為が不純だと思い込んでいるのはあなた達の勝手。私たちから見れば、すべてエネルギー交換の一つの形でしかないんですから。
圭　とはいえ、ガイドみんなとそういうことすればいいわけじゃないでしょう。
ル　もちろん、人それぞれよ。ガイドが本人に合った方法でちゃんと導いてくれるわよ。ガイドに身を任せることね。
圭　変態チックなプレイが好きなガイドだったらどうします？
ル　それは、ご本人もそういうのが好きなんでしょう？　いいんじゃない別に、個人の趣味だし。

圭　非物質の存在って、案外そういうところ寛容なんですね。
ル　何でも制限かけているのはあなた達なのよ。

《ガイド拝見／8　ガイドの日常メッセージ》

〈北欧美女〉

まるの日カフェに到着しますと、いつもならば、はるんちゃんがほのぼのと出てくるのですが、今日はいきなり長身の美しい女性が現れました。金髪の北欧系美人です。白っぽいローブを着ています。そして、そのまま私を席まで案内してくれました。そこは外にあるベンチ。で、依頼の方はそこに寝ています。

その美しい女性はガイドのようで、横に来て優しく起こしています。そして、起きた依頼の方は慌てて身づくろいをして座りなおしました。ガイドの女性はその様子を優しく見守っています。

お名前は？　と聞くと、聞き取りにくい発音で言われました。私が何度も聞きなおすと、「もう、リストでいいです」と言われてしまいました。白いローブ姿なので、「いつもその格好なんですか？」と私が聞くと、「本当は他の姿なのですが、イメージを固定させないために、今日はこの格好で出てきておりますのよ」

と言っています。そして、話し始めました。

「私たちは、あなた達をいつも見守っていますが、あなた方の自主性にお任せしているところもあります。自らの頭で考え、自らの足で行動してください。その合い間に、わたくし達はスッと間に進むべき道筋を示します。それにあなた方が気づかなければ、しつこく何度でも示していきます。なので、同じ不幸が何度でも身の周りに起こる場合、たとえば、ダメ男と何度もお付き合いしてしまう女性とか。そういう場合は、ご本人がガイドからのメッセージを見逃しているからです。それに気が付くと、ダメ男からの呪縛から解放されるはずですよ。繰り返し来る困難は、それ自体を自らの意識で変えていこうと思わないといつまでも繰り返してきます。その困難に囚われている限り、道は見えてきません。

自分が囚われていると自覚したときは、あえてそういう問題から距離を置けるように、心の準備をしておきましょう。実際に距離を取るのか、精神的に間を置くのか、その時々に判断してください」

と、なにか全般的なメッセージを長くしていただきました。その後は個人的なメッセージをいくつかされまして、最後に、依頼の方があなたと会うにはどうすればいいのですか？　と聞くと、

「私をイメージして、そして話しかけてください。最初は自分で考えて自分で答えているように感じるかもしれませんが、だんだん、私の言葉に聞こえてくる時がでてきます。頑張ってくださいね」

と言って去っていきました。ガイドと会うには話しかけることとみたいですね。

実は私は右向きの人物は苦手なので今まで極力書いてきませんでしたが、今回はこういうイメージだったので描いてみました（右ページイラスト）。なので、多少目とかずれているかもしれませんが。

〈某国の体操選手？〉

続いてお二人目。

現れたガイドは、体操選手です。後ろから鞍馬を飛ぶように、くるくる回転してやってきました。

着地もばっちりと決めて、白い歯を見せながらニコヤカにこちらへと歩いてきます。お名前は「イワノフ」だそうです。どう見てもロシア系ですね（上イラスト）。その割には愛想が良いですけど。豪快に笑いながら、依頼者の隣に座って「やあ、ガイドのイワノフだよ」と名乗っています。

空を見せてくれまして、

「空というのは一見、無限のように見える。しかし、実際は薄い層でしかない。君たちの見ている世界も、一見無限のようだが、実は薄い層でしかないのだよ。向こうの世界とこちらの世界の境界は近い。横に行けば無限、上に行けば次のレベル」

という何か比喩的な話をされました。そして、個人的な話の中で、

「人が言っている栄養価に縛られる必要はない。それぞれに必要なものがある。自分が食べて、体調が良くなるものを自分で見つけていくことが必要。学者やマスコミが持てはやす栄養は、参考にしてもいいが、それに頼り切ってしまうのは良くない。これはダイエットも同じ」

と言われました。その間、私が何気に「そうだ、35あたりからエネルギーを引いてくると、もっと知覚しやすくなるかな？」と私が考えてしまい、ちょこっとフォーカス35に意識をもっていきました。すると、イワノフさんから止められます。

「そんなことをすると、私よりも上の存在が出てきてしまうではないか。そしたら、私の出番がなくなってしまう」ということで。

すると、こちらに首だけの化け物のようなものがにゅーんと現れてきまして、私たちの周りを飛び

回ります。これはなんだ？　と思っていると、イワノフさんから、

「君が勝手に35なんかにつながるから、他のが集まってきたじゃないか」

と怒られました。

すみません、こちらで片付けておきますので、と言って、フォーカス27にそういうのを追いやりました。多少アクシデントはありましたが、イワノフさんから続きを聞きます。

「いきなり上の存在とつながる前に、私たちのようなものから順番に行くことだ。その人にとって、必要になったら次の段階がやってくる。焦る必要はない。あまりに先に進みすぎると、さっきのようなことが起こっても、それに対処できなくなる」と言われました。

確かに、私はいろいろ体験しているので、ああいうのが出てきても普通に対処できますが、いきなりだとびっくりしますよね。そして、

「これは現実世界でも同じ。順番にすべてはやってくる。現実世界で学ぶことと、精神世界で学ぶことは同じ手順でやってくる。両方をバランスよく進めていくことだ」

と言われていました。

「じゃあ、私は準備運動をしないといけないから」とか言って、去っていきました。体育会系ですね。


〈可憐な少女〉


現れたガイドは、華奢な少女です。お名前は？　と聞くと「アヤメ」と答えました。日本人のようですね（次ページイラスト）。

何かメッセージは？　と聞きますと、生活態度を改めて欲しいと言っています。そして、なぜか梅

の畑に来ているイメージがきました。田舎の山奥の風景も。そして、滝が見えてきました。その上にアヤメさんが立っています。「水の流れる場所、噴水とかそういう場所に行くのもいいです」と言っています。水の場所がいいという話は、他の方の時にもありましたね。そして最後に、「進路に迷った時は、自分の無心の時に来た直感を信じてください。直感を得るためには、情報と受容です。情報を集め、洞察を働かせている時に、ふとした瞬間に直感が来ます。これはガイドからのメッセージでもあるんですよ」と言われまして、帰っていきました。

圭　今回のこの３人は、わりと具体的なメッセージでしたね。

ル　あなたの感覚力が向上している証拠ね。ガイドも人間と同じ、話しにくい相手にはあまり長く話さないものなのよ。

圭　どういう相手が話しにくいので？

ル　言っても理解しない人。

圭　そりゃあそうでしょうね。

ル　私たちのメッセージは精細なものなのよ。それを心の声で聞き取れる方、そういう人に私たちは話をもっていきます。

圭　本人がまったく聞く耳もってない人だったら？

ル　そういうときに、周囲にいる私たちとつながりやすい人と接触して、こそっとメッセージを言ってもらうようにするのよ。たまに場の空気を読まずに、いきなり人にぐさっと来ること話す人いるでしょう？　そういう方々は私たちのような、誰かのガイドの声を代弁している場合もあるのよ。

圭　ＫＹとか呼ばれている人もお役にたっているんですね。じゃあＢ型の人間はほとんどメッセンジャーなんでしょうかね？

ル　みんながみんなじゃあないけど。

圭　私のように、ガイドと話をする人間は、向こうから見たら話しやすいということですか？

ル　さあ？　さしあたり適当な人間がいなかっただけじゃない？

圭　さしあたり、ですか。じゃあ、次にいきますね。

《ガイド拝見／９　音楽系のガイドさん達》

圭　ちょっと、ここからは音楽関係者のようなガイドさんを何人か見てみますね。

ル　音楽と非物質世界はつながりが深いのよ。

圭　そうなんですか。

ル　あとでそのあたりのことは解説してあげるわよ。

＊＊＊＊＊＊＊＊

〈ピアニスト〉

カフェに行くと、ガイドさんがいました。そこにはグランドピアノがあり、演奏しています。聞いたことのある曲ですが題名がわかりません。そして、演奏が終ると、私の前にやってきました。私が

ガイドです、みたいにちょっとナルシスト入っているような雰囲気のガイドですね（上イラスト）。北欧系の白人？　名前は「スティーブン・イッツェ」みたいな発音です。そして、いきなり両手を広げて空を見上げました。

「音楽……世の中にあるものはすべて音楽だ。風の音、川のせせらぎ、葉の触れ合う音。すべてから音は生まれ、流れていく。素晴らしい音楽を奏でることは、人生を豊かにする。よい音楽を聞こう」ということを言われました。

他にメッセージは？　と聞きますと、

「今は移動すべきではない。仕事、住居に関して。タイミングを待ちつつ、自らの内を鍛えることを怠らないように。ある機会が来たら、一気にダッシュ出来るように常に柔軟体操（心の？）はしておくように」

と言われました。他に、

「椅子は座りごこちの良いものにしないと、姿勢が悪くなり、いいものが出なくなる。睡眠も大切。脳内のアンテナを常に状態良くするためにも良い眠りを。そして、水を飲んで体の水分量を一定に保つよう努力すること。これは情報などを受け取るのに必要です。良い波動をキャッチするのに、水という物質は優れています」

というようなことも言われていました。水を飲むことでいろいろと効能があるものですね。真っ青な空に白い鳥が一羽飛んでいくイメージが見えまして、「空は良い」と言っていました。「いつでも呼んでくれれば、君の手伝いをしよう。常に傍にいるのだから」ということを最後に言われていました。

〈オペラ歌手　男性〉

ガイドをはるんちゃんに呼び出してもらうと、後ろから、オペラを歌いながら一人の男性が現れました（左イラスト／イタリア人っぽいイメージでした）。

周りでは演劇も繰り広げられています。歌っている人がガイドとか。なんでオペラ？　と思ったりしましたが。そして、一曲歌い終わって一礼をして私たちのほうへとやってきました。容姿的には、やや中年気味。お名前は？　と聞くと、ピエッティ・ロムサームみたいな発音をしてきました。発音通りに書くと「ぺぇってぃろぅすぁん」みたいな感じですね。これだと良く分からないのでピエッティさんということで。「後ろで踊っていた人は誰？」と聞くと、エキストラだと答えてくれました。向こうの世界にもエキストラっているんですね。そして、ピエッティさんが話し始めました。

「人生とは演劇のようなもの。劇場で繰り広げられる、笑いや涙、喜劇がそこにある。自らストーリーを作るのではない、作られたストーリーをいかに演じるか。そういうところも似ている。その劇の合間にアドリブを入れることはできるが、大きな話の流れを変えることは難しい。これは、多くの存在が言っていることだと思うが、だいたい決められたルートが存在し、そこを歩いていく場合が多い。そのルートをしっかりと見据えるか、または知覚すること。人生のストーリーを認識し、自分はその場面でどういう役割を与えられているのか。そこを理解すると、演じることに面白みが出てくる」

だそうです。他に、

「ガイドとあなた達、2つの存在でやっと素晴らしい物語が生まれる。舞台監督であり、役者であり、そういう視点をもっていないと、自らの役に飲まれてしまい、何をしているのか分からなくなる。俯瞰で自分の生き方を見る視点も重要でしょう」

ということも言われていました。他に個人的なことをいくつか聞いてから終了となりました。

＊＊＊＊＊＊＊＊＊

圭　以上2名を見てみましたが、いかがです？　他にも音楽関係者は何人かいましたが、その中を代表してこの2名という感じですが。

ル　音と向こうの世界の関係から言うと、歌や音楽を奏でるガイドは結構多いのよ。

圭　さっきも言ってましたね、それってどういうことですか？

ル　音の響きは基本的に波長で示されます。波長の合う合わないという話あるでしょ？　人間関係でもこれは重要なこと。そして、向こうの世界ではその波長というものがとても大切です。そういうことを表現するために、ガイドが音楽をつかさどる人物として現れることもあるわね。

圭　何のメッセージがあるんですか？

ル　人と波長を合わせるには、自らが良い波長を発する必要があるということよ。歌や音楽はいい波長を発します。その波長を自ら発するようなことしなさいね、というメッセージね。

圭　でも音楽はそうでない場合もあるでしょう？

ル　アニメでも宇宙人を仲間にした話あったでしょう？　愛のある歌は宇宙を救うのよ。

圭　「愛、覚えてますか（註二）」ですね。じゃ、愛のない歌はどうなんです？

ル　あまりいい気持ちしないわね。でも、波長の合う人もいるんだから、しょうがないんじゃないの。

圭　意外とあっさりしてますね。

ル　人それぞれ、まずは自分が何を選ぶか、そこさえしっかりしていれば問題ないものよ。

＊＊＊＊＊＊＊＊＊＊＊＊＊＊＊＊＊＊＊＊＊＊＊＊＊＊

《ガイド拝見／10　サラリーマン？》

〈サラリーマン〉

はるんちゃんに、この方がガイドです、と紹介されたのは、あまりにも普通の男性。商社勤務のサラリーマン的な雰囲気です。マスオさんみたいなイメージですね。なぜか、時計やらメモ帳やらを気にしながらメッセージを伝えてきます。まるで業務連絡みたいです（上イラスト）。

一つ目に、「欲張るな」ということだそうです。このガイドは、さらに上に存在しているハイアーセルフとか、そういう存在のメッセージを伝えるためのガイドっぽい感じです。メッセージも、上司の指示をこなしています、的な雰囲気が漂っていますので。キーワードとしては、「欲張らない、はしゃぎすぎない」だそうです。そして、料理、ということも。野菜を使った料理、煮野菜、生野菜を食べて、体のバランスを整えたほうがいいですよ、と言っています。体のバランスの次は、心のバランス。感情を表に出すのはいいですが、周りを盛り上げるために無理をする、とかはやめたほうがいいです、と言われました。

「欲張らずに、すべてに八分目。ほどほどが丁度いいくらいの意識でいてください」

他に何かメッセージは？　と聞きますと、かじった鉛筆が見えました。ペ

ンを噛むクセ？　それとも何かの比喩か。そうしていると、いきなり過去生を見せてくれました。針葉樹の森に雪が積もっています。一面真っ白で、夕暮れも近づき薄暗い様子です。その雪の中、目の青い、赤っぽいちぢれ毛の、北欧系の女の子が立っています。ちょっと昔の服装ですね。誰かを待っている様子。すると、向こうからお父さんが戻ってきました。背中には一頭のトナカイの子供を背負っています。トナカイを食べるのかと思いましたら、家に連れ帰って世話をしています。どうやら怪我をして群れから離れた子供トナカイを保護しているようです。

女の子も一緒に、傍で楽しそうに見ています。この子が、依頼者です。

この過去生が今の何かにつながっているようです。詳しいことはご自分で確認してくださいと、そのサラリーマンが言っていました。そして、人生の転機がやってきた時、この過去生で一緒にいたお父さんと再びめぐり合うということも言われていました。最後に何かないですか？　と聞きますと、「常に心の感度を上げるように心がけてください、それには、激しい心の動きだけに囚われることのないようにしてください」と言われて、一礼して去っていこうとします。そこで、お名前は？　と呼び止めると、「や、これは失礼しました」とか言いながら、慌てて名刺を取り出し、両手を添えて私に差し出しました。そこには、「凡野　誠」と書いてありました。なんとなく、名は体を表す、という意味を思い出させてくれました。ガイドのなかでも平ガイドっぽい感じでしたね。

＊＊＊

圭　今回は本当に普通の人物っぽい方々でしたね。他にもＯＬさんのガイドもいましたし。組織に従属しているようなイメージのガイドさんは何を意味しているのですか？

ル　サラリーマンは組織に所属しているわね。今回の方は、高次のガイドからのメッセンジャー的な立ち位置なのよ。

圭　それはどういうことで？

ル　ハイアーセルフとかそう言われるガイド、それらがいきなりアクセスできないものだから、ちょっと接触しやすい存在を先に会わせたと、そういう感じかしら。

圭　なんで直接会えないのです？

ル　いきなり高次の存在が来てもメッセージのやり取りがしにくいのよ。波長をあなたに合わせないといけないでしょう？

あなた達も、音楽をデジタル的に圧縮して取り込んで聞くというをするでしょう？　そのときかなり圧縮をすると、元の音質よりも聞いて分かるくらい劣化するわね。それと同じこと。高次の存在が波長を下げるというのは、基本の音楽データーを1桁くらいの数値で圧縮するのと同じくらいのことなのよ。重厚なオーケストラも、何の楽器か演奏しているのが分からないくらいになってしまいます。これと同じで、高次のガイドの精妙で複雑なニュアンスが含まれたメッセージがそこにあっても、一部分の分かりやすいところや、表面的な部分しか受け取りにくくなるの。初期の頃、あなたは波長の調整がまだまだでしたからね。

圭　それでは、私が今この方のガイドを見ると、高次のガイドが見えるのですかね？

ル　そうかもしれないわね。

圭　かも、ですか。

ル　あなたの意識次第よ。

圭　だから見えるガイドが、人それぞれ違ったりするんですね。

ル　見える人の波長次第で、現れる存在は変化しますから。

圭　あなたはどうなんです？

ル　わたし？　私はメッセンジャーじゃないわよ。ちゃんとあなたを導く主なガイドの一人です。

圭　私の場合で言うと、誰が近いですか？

ル　リエンなんかが近いわね。

圭　こういう存在は皆さんについているもんなんですね。

ル　そう、ただ、見え方が違うだけなのよ。

《ガイド拝見／11　騎士、武将？》

圭　さて、今度はわりと多かった、騎士系を見てみましょうか。

ル　これもまとめてみると、面白いわね。こんなに種類いたかしら。

圭　いつも思うのですが、ガイドの記憶ってどこに保存されているですか？

ル　アカシックレコード（註12）に直結よ。

圭　なら、そんな『いたかしら』なんて思い出す必要もないんじゃないですか？

ル　いいじゃないの。あなたと話すときはそれに合わせているんだから。そんな細かいこと気にしていたらハゲるわよ。

圭　おおきなお世話です。

〈イギリス風の騎士〉

現れたのはイギリス風の騎士（上イラスト／凛々しい雰囲気でした）。そして、メッセージです。かなり強い口調で言われました。

「自らの心から逃げるのではない。仕事の時は、仕事に、家族に接する時は家族に一生懸命になること。そういう割り振りをすることが大切。

すべてに意識がそぞろで、中途半端だと、すべてが上手くいかない。常に、頭の隅では何かのせいにしていないか？　お金がないのは、あのせいではないのか、仕事に集中できないのはこのせいではないのか、今がこうなっているのはあれのせいではないのか。何々のせいではないのか？　という考え方をまずやめるのだ。今ここに起こっていること。仕事、現実、すべて起こるべくして起こっている出来事なのだ。これからこの状況を変えるためにどうすればいいのか、を常に考えるのだ。そのためには、一人だけで頑張る必要はない。必ず周りに手助けしてくれる存在がいるはずだ。家族、兄妹、身の周りにいる方々、仕事の上司でもそう。自分のことを話して理解してもらうことも出来るはずだ。心を開いて接すれば、周りにいる人々は、あなたのために協力してくれる。それを信じなさい。人を信じる、自分の心を信じる。周りに愛を広げる。

いつも私たちが見守っています。きつい時は人に頼るのもいい。人に愚痴を聞いてもらうのも良いことだ。昔の楽しかった思い出を話して楽しむのもいい。人に頼ることは素直に。

目の前にあるのは自分が引き寄せたものではない。過去に意識を向けるのもやめるのだ。未来にどうしたいのか、そのイメージをつねに持ち続けていなさい」
というようなことでした。メッセージはかなり強い口調でしたが、それは愛ゆえにという感じでしたね。このメッセージ、耳に痛いですね。私にも心当たりがありそうで……。

〈中国系武将〉

先ずはコメントを見たときに意識を向こうにやってみたところ、鎧に身を固めた大きな男が見えました。中国風の鎧でしたので、「毘沙門天？」と一瞬思ったりしましたが。

そして、ちゃんと見るために会社にて意識を集中させます。この時はCD未使用ですね。まず、まるの日カフェをイメージ。そこに依頼者が来ていることをイメージして（黒い影にしか見えませんでしたが）その背後にいる人物へと話しかけます。今、私にメッセージを伝えたい人いませんかあ？　という感じで。すると、背後からぬっと現れたのは、まさに毘沙門天ばりの厳つい大男。髭を生やして片手に槍なんか持っているのでさらにそう見えます。

あなたがガイドですか？　と聞くと、そうだ、と頷きます。良く見ると毘沙門天ではなくて、中国の鎧を着た、どこか身分のある人物のように見えます。イメージは三国志の武将（上イラスト／子供を抱いて、馬に乗っています。実際はもっと厳しい感じです）。

そこで、槍で頭を突かれないように（以前、ドイツ騎士団風の方に頭串刺しにされましたので）注

意しながら、何かメッセージは？　と聞くと、

「自分の能力を信頼せよ。人の気配を感じることができるはずなので、それを生かすことだ」

「私が守っているので、安心して探索を行ないなさい」

（向こうの世界に広がる広い土地を見せて）、「このように広大な場所が、待っている。早くこちらへ来るのだ」というようなことを言われました。しまいには馬に乗っているイメージになりまして、本のイメージを見せてきます。「知識を得ることも大切だ」というメッセージと共に。以前は海賊船は来るし、カフェはなんでもありですね。

名前を聞くと、「チェ・ジュフォン」か「チェン・ジーファン」かそういう発音でした。そして、風景が変わりまして、馬上のチェンさんに誰かが赤ん坊を手渡しています。

これは過去生の風景なのか、それとも子供に関するなにかのメッセージなのかちょっと分りませんが、何かの意味がある様子です。そして、豪快に笑いながら馬で去っていきました。

私は三国志にあまり興味がないので、こういう武将がいたのかどうかすら分りませんが、たしか赤ん坊を抱いて戦場を突破した武将の話があったような気もしますが。まあ、その人かどうか分りませんけどね。心当たりない場合は、気にしないでください。


〈ギリシャ風騎士〉

はるんちゃんが案内してくれたのは、いつものカフェではなく草原。白いテーブルと椅子があり、そこに座りました。現れたのはギリシャ風の戦士（次ページイラスト／屈強そうです）。メッセージは？　と聞きますと「考えすぎ！」とズバッと言いました。

「考えすぎると、目の前に来たタイミングを逃してしまう。それについて考えていると、次に用意されたタイミングも見逃してしまう。それに注意すること。考えすぎない、諦めない、とりあえずやってみる。この3つを心がけているといいだろう。

何かをやって、何の成果も得られないという人は、結果が出る前に諦めているのだ。社会的に評価される結果のみに注意するのではなく、自らが納得する結果が出ればそれでよいのだ。一度まわりの感覚を閉めてしまい、自分の心の動きのみに注目してみるのも重要。毎日する必要はない。気がついたときに行なえばそれでいい。瞑想をやって、なかなか結果が出ないと諦める人もいるが、それは当たり前なのだ。結果が出るまでやっていないのだから。効果を得たいのならば毎日3カ月以上行なうことで、何らかの物を得ることはできるだろう」

他にメッセージは？　と聞きますと、

「自らの進む道は、常に光のさす方向にある。暗い闇を見て方向を決めるのではなく、明るい先を見据えて方向を決めることが大切。光は常にそこにあるが、闇はそこにない。この違いを理解してくれるといい」

と言われまして、今度は過去生を見せてくれることに。目の前にざーっと映画のフィルム状のものが現れ、そこから1つの過去を選ぶようです。ガイドはそから1つの枠を選び出しました。それは中国の、三国志時代のようです。そこでは城壁の上から、下で戦っている人々の様子を見ています。どうやら敵対する勢力が城へと攻めてきたようです。城といっても、町ごと城壁で囲んだものです。ここでは通常は役人のような仕事をしていて、今回は城の守りのために城壁で見張りの役目をしているようです。その戦の際に、飛んできた矢で右目を負傷、失明となったようです。安全なところから見守っていても、危険は常に忍び寄ってくる。であれば、自らこの現状を打開するために動くべきではなかったのか？　とこの時感じているようです。その影響が今出ていませんか？

そして、他にメッセージは？　と聞きますと、女難の相が出ているなあ、としきりに言います。女性がキーワードのものにも要注意だそうで。お名前は？　と聞きますと「ゴッターとでも呼んでくれ」と。意外とガイドにはギリシャ風の方が出てきますね。私のとこにも一人いますけど。

＊＊＊＊＊＊＊＊＊＊＊＊＊＊＊＊＊＊＊＊＊＊＊

圭　そういえば、100人以上見た中で日本の武将とかサムライは出てこなかったですね。何ででしょう？

ル　あなたと話が合わないからでしょう。

圭　なんですそれ。

ル　サムライ、武将、あの人たち真面目よね。あなたは不真面目よね。堅苦しい人が出てきて説教されるの好き？

圭　嫌です。

ル　そういう相手の前には、出てきません。あくまで、人のガイドを見るときはその人に合った、そして、あなたと相性の良い存在が出てくるものなのですよ。

圭　でも、最近直接見た方の中にはサムライいましたよ。

ル　最近は知覚も向上したからそういう存在も出てきやすくなったのかもね。

圭　自分のレベル次第で会える存在も変化するのは面白いですね。

ル　人間関係と同じよ。

圭　さて、今回見たガイドさん達ですが、いろいろなメッセージありましたね。見た目戦士の格好でいかめしいですけど、厳しいメッセージだけじゃないんですね。

ル　戦士で出てきたのにも意味はあるのよ。

圭　どんなです？

ル　戦士から連想されること、いろいろあるでしょう？　騎馬の武将であれば、現状を打開する、という意味もあるでしょうね。あとは、騎士道から連想される清廉潔白さ。そういうものもあるわ。

圭　そういえば、以前現れたドイツ系騎士ガイドはかなり厳格な方でしたね。その人からランサーで頭刺されましたよ。非物質的な関係じゃなかったら死んでたとこでした。

ル　あなたが余計なこと言ったからでしょう？

圭　ただ、思ったことを言っただけですよ。

ル　それが余計なこと、と言うのよ。

圭　最後のギリシャ風の方は？

ル　勢い良くがんばれよ！　って感じじゃない。

圭　「感じじゃないっ」てねぇ。解説のためにいまここにいるんですから、もうすこし「こうです！」って断定しないんですか？

ル　ガイドは導く存在であって、あなたに考えを押し付けるためにいるのではないのよ。だから、必ず自分で考える余地を残しているものなの。

圭　単に頼られると面倒だからじゃないんですか？
ル　私はあなたのガイドですからね、人のことは人のガイド次第よ。
圭　意外とガイド同士疎遠なんですね。
ル　ネットワークはつながっていても、相手のやり方に口出しはしませんから。
圭　そうですか？

《ガイド拝見／12　ゴージャスな人たち？》

圭　ちょっとゴージャス系行ってみましょうか。
ル　ガイドにゴージャスもなにもないんだけどね。
圭　光り輝いて見えるガイドはいるでしょう？
ル　あれとこれは別。エネルギー的に輝いているガイドの姿が、即ゴージャスかどうかは分からないものよ。
圭　今から見るのは、人間的に見てゴージャスということで。

〈ハリウッド風女性〉

はるんちゃんに、カフェの店内に連れていかれました。そこでガイド拝見です。やってきたガイドは、美人です。まるでモデルさんのよう。アニマル柄のコートや帽子で着飾っています。派手ですね。そっと依頼者の隣に腰掛けてきました。お名前は？　と聞くと、「サリア・バーグ（バーグマン？）」

と言われました（上イラスト／アメリカのモデルっぽい感じでブロンドヘア）。

今日は何のメッセージ？　と聞きますと、女性の話になりました。

「女性と話す場合は、自らが心を開かないと、相手に避けられてしまいます。これは、親密な関係以外でも、仕事、日常でもそうです。普通の会話でもいえます。変に意識しないこと」

「異性からの言葉は、とりあえず受け入れて、それを評価してあげることが大切です。これは同性でも一緒ですが」

他には？　と聞きますと、急になでなでしたり、ハグしたりしはじめました。

「最近、この人はエネルギーが足りていないのよ。だから今あげるわね」といって、ぎゅーっとハグされています。ちょっとうらやましい感じですね。

「愛が足りていない人は、人に愛を届けることをしないといけません。すると、まわりまわって、自分のところにやってきます。これが世の中の流れです」

と言われていました。仕事とかでは？　と聞きますと、「そんなことを心配することないわよ。致命的なことはしばらくは起きないでしょうから、地道にC1（現実世界（註13））を豊かに過ごされてください」と言って、颯爽と立ち去っていきました。

〈ゴージャス男子〉

なぜかカウンター席で、その方はミシェルから出された飲み物を飲まれていました。そこで、ガイド拝見です。見えてきたのは美輪さんのような男性。ゴージャスな服装に、きらきらしたものを振り

まきながら登場（左イラスト／本当はもっとキラキラした感じです）。メッセージを聞いてみますと、

「霊的な探求と、現実世界のバランスを上手く取ることですね。今生きているのは現実世界で経験を積むためなのですから、霊的世界の知識はその補助にしかなりません。そういう存在との接触もある意味大事ですが、現実世界での人間同士の接触もまた大切なことです。あなたの心の向くままに、交友関係を広めていくといいですよ」

と言われました。他には、

「高いところから落としたタマゴは粉々になりますが、低いところから落ちた場合はへこむくらいで済みます。プライドも同じです。変に高いプライドを持っていると、それが落ちたときのダメージは強いものです。無駄なプライドなどは持たないほうがいいですよ」

ということも。そして、

「歌、音楽、芸術は向こうの世界とつながるツールです。美しいものに身を任せて、その波動を感じてください。それも、霊的世界を探求する者にとっては大切なことですよ」

と言われました。そして、最後に、

「雨降って地固まる。世界はこういう基本があります。今ある困難な事象に出会っても、それは地固めする重りだと思えばそれもまた良しです。世界は自らの思うとおりに動いています。それに注意してください」

そう言って、またもやゴージャスに帰っていきました。

圭　見た目ゴージャスですね。

ル　でも言っていることは普通でしょう？　見た目と中身はあまり関係ないのよ。

圭　でも、どうせガイドと会うならばちょっとゴージャスな方のほうがお得な感じしますよね。

ル　なんで？

圭　そりゃあ、〝貧弱な僕にもこんなに素敵なガイドがついていたんだ！〟って思いません？

ル　それは捕らわれているわね。「ゴージャス＝上」という意識に。

圭　そうですか？

ル　見た目にこだわるのは、意識が捕らわれている証拠よ。ガイドの姿を重視するということは、それだけ自分に自信がないってことでしょう？　肩書きで人を見るようなものと同じね。

圭　そんなものですか。

ル　意外と見た目が「何これ？」ってくらいのほうのほうが良いという場合あるでしょう？

圭　ガイドは皆さん、いいこと言いますけどね。

ル　ガイドの性格や見た目にギャップがあるほうが、その人の思考はかなり解放されていると見ていいわね。

圭　ガイドの姿と性格でそのあたり分かるんですか？

ル　すべて、そこに見えるものには意味があるものなのよ。

＊＊＊＊＊＊

《ガイド拝見／13　僧侶》

* *

〈お坊さん〉

現れたのはシャボン玉のような物に入った人物。最初「宇宙人？」と思いましたが、それが近寄ってくると一人の僧が中から現れてきました（上イラスト）。

小乗仏教の僧侶のようで、オレンジ色の服を着ています。お名前を伺い、個人的なメッセージを聞いたあと、他の方にも通じるメッセージがありましたので、ここに載せさせていただきます。

「敵、というのは自己の弱い部分が投影されたもの。周りに存在している人々は、すべて自己の現れなのだ。目の前にある敵から逃げている間は自分の弱点を克服できない。永遠にその敵の幻影に恐怖しないといけない。敵が何を伝えようとしているのか、何を言わんとしているのか、そのメッセージを聞き、受け取るようにすれば、それは敵ではなくなる。恐怖を捨てよ、敵と向き合え」

というような内容のことを言われました。まるでカンフーの老師が言いそうな台詞《セリフ》です。これは日常生活に関してのメッセージでもありまして、自分の苦手とする人物や上司でも、それを避けるのではなく何らかのメッセージを得るように努力しましょうと、そういうことみたいですね。別に苦手な人を好きになれということではなく、その人の存在を認めるだけでも充分なようです。さすが僧侶さんですね、深いです。

圭　何か、少林寺思い出しました。さすがお坊さんですね。言うこと違います。

ル　お坊さんがついている方は、結構修行の日々かもしれないわね。

圭　それってどういうことで？

ル　ガイドが修行好きだから、自然とご本人も修行好きになるのよ。もちろん「無意識」にだけどね。

圭　それはいいことなんですか？

ル　双方の同意の上で成り立っている関係だからいいんじゃない？

圭　本人さんはもっと楽したいと思っているかもですよ。

ル　修行といっても、厳しいものばかりではありません。現実世界で普通に生きることが修行だったりするのよ。

圭　それって、みんなやってるじゃないですか。

ル　普通に生活するって難しいものなのよ。あなたにできる？

圭　普通って意味が、無難ということと同じでしたら無理ですね。波平さん（サザエさん家の波平さん）のところみたいな生き方は息が詰まりそうです。

ル　そういう人もいるのよ。それに、ああいう生活を夢見ても、それに近づくのは難しいわよね。人生の修行とは、人それぞれ。今できることを行なっていくしかないものなのよ。

圭　何か、人生を考える言葉ですね。

＊＊＊＊＊＊＊＊＊＊＊＊＊＊＊＊＊＊＊

《ガイド拝見／14　アフリカ系ガイド》

現れたガイドは、頭に大きな水牛の角をつけた、黒人男性。アフリカ先住民の方のように思えます。シャーマンとか、そういう儀式をする人のようです（次ページイラスト／初めてのアフリカ系ガイドの登場）。お名前は？　と聞きますと、「ちぃゃっと　べろるべらぃる」みたいに聞えましたので、チャ

プトさんということで。メッセージはないですか？　と聞きますと、

「今進むべき道に迷っているようだが、今は星の動きからいって、動くべきではない。あと1、2ヶ月待つと星の動きも安定する。それからでも遅くないだろう」と言っています。

　地鎮祭とかそういうのに影響はないのですか？　と聞きますと、

「星の位置でみると、さほど影響はないだろう。ただ、そこで何かをいただいて埋める、ということになった場合、掘り返して神社などで処分してもらったほうが良いでしょう」

　と言われました。他には？　と聞きますと、広大な風景を見せてきました。そして、「もっと大地と、空と、風を感じ、五感を解放したほうがいいでしょう」と言われました。

「人との関係で疲れた魂に、大地の精霊、風の精霊などからエネルギーをいただいておくと、健康にも良いでしょう。そういう場所に行くヒマがない場合は、そういうイメージをするだけでも効果がありますので、良い風景の映画とか、写真とかそういうのでイメージを膨らませてください」

　その後は個人的な内容を聞いて、終了となりました。いろいろな人種がガイドになっているものですね。

圭　アフリカのシャーマンっぽい方でしたね。名前も難しいし。

ル　シャーマン、と言えばあらゆる知識に精通している人物よね。この方の知識を象徴した存在に見えたわ。

圭　ガイドに人種、職業は関係ないものですね。今まで見た方々はほとんど外国人じゃないですか。

ル　あなたの波長がそうだからよ。「『守護霊＝ガイド』ではないのだ！」とか考えているからじゃない？

圭　まあ、そういう感じに考えているところもありますが。

ル　そういう偏った考え方の人物の前には、そういう存在しか見えなくなるものなのよ。

圭　ガイドを見るときは、偏った見方してはいけないってことですか。

ル　でも、別に偏っていたってかまわないのよ。メッセージさえ伝わればどんな見え方をしていても、私たちは気にしないから。

圭　案外アバウトですよね。ガイドって。

ル　見える人の性格によるのかしら。

圭　それって、私がアバウトだから、と言いたいようですね。

ル　そう聞えたのならば、そうなんでしょう。

圭　あなたと話していると「この人たち大丈夫かなァ」と何度も思わせられますよ。そういえば、この方は写真でのイメージ旅行をお勧めしていますね。

ル　そうね、意識を集中させれば、人間は脳内で旅行ができます。イメージ、妄想、バイロケーション、何とでも言っていいですが、意識を他の場所にシフトするだけでも充分旅行した気分にはなれるものなのよ。

圭　それは案外安上がりですね。

ル　あなただって、私たちと海に行っているでしょう？　そんな感じで、時間のない人たちは脳内で旅行を楽しむことでストレス解消にもつながります。

圭　本読んだり映画見てもいいんですか？
ル　もちろん、いい波長の出ているものならなんでも。
圭　戦争映画とか、どろどろの恋愛ものとかでも？
ル　あんまり、気が滅入るようなものでなければいいんじゃない？
圭　意外と何でもＯＫなんですね。
ル　すべて、行き過ぎたものはきついけど、ほどほどならば問題ないのよ。

《ガイド拝見／15　過去生との関連》

圭　ここで、ちょっと過去生も一緒に見せてくれた方々を見てみましょうか。
ル　必要があれば、私たちは過去生も見せますからね。
圭　でも、ほとんどの方は過去生見せてもらってないですよ。
ル　それは、自分で見ろということよ。
圭　ガイドの学びは、ただの気まぐれのように感じること多いですけど。
ル　それはあなたの了見が狭いからよ。
圭　了見が狭いと言われた私の過去生観を説明したほうがいいですかね。
ル　そうね、あなたの過去生認識は一般的じゃないものね。
圭　何が一般的なのかわかりませんが。私は「過去世」ではなくて、「過去生」という字を使います。これは、私の魂が連続的に生まれ変わって今の「世」がある、という考え方でなく、私の所属する

I／T、もしくはI／Tクラスターにある個別の意識のなかで、時代的に私の今の生よりも過去に存在していて、それが今の生に影響を及ぼしているもの、という意味で「過去生」という文字にしています。

ル　だいたい、同じ事言っているわよね。見方の違いで。

圭　そうですね。ただ「過去世」の場合は、あまり同時代に存在した過去の記憶を見ることは少ないのかなと思います。でも私の場合では、どう考えても、同じ時期に存在している別の生の記憶を見る場合もあります。なので、これは連続した魂の記憶を見ている、というよりは、同時多発的に存在している魂の中から、〝今〟より〝過去〟に存在する記憶を見ているのかな？　と思うようになりました。なので「過去生」にしています。で、このあたりルリカさんはどう思います？

ル　あなたがそう思うのならそうなんでしょう。

圭　意外と冷たいですね。

ル　私から見たらまた別の言い方もあるけど、とりあえず、あなたの納得できる形にしておくのがいいわよ。

圭　なんか、気になる言い方ですね。

ル　向こうの世界の住人にならないと、分からないこともあるのよ。

圭　そう言われると、なんとも言いようがないのですが。

ル　現実世界では、この限定された知覚でいろいろと考えることが必要なの。だから、もっといろいろ知って、いろいろ考えなさいな。

〈イギリス風のおばあさん〉

最初、はるんちゃんに案内されていきますと、そこには古めかしい鏡台がありまして、その前に一人のおばあさんがいます。車椅子に座っている、白人風のおばあさんです。服装などから、イギリスっぽい感じがしましたが（上イラスト／品の良さが漂っています）。私が近づくと、くるっと車椅子をこちらに向けて、挨拶をしてきました。お名前はエリザベートとおっしゃるようです。

「エリスと呼んでちょうだいね」と言われました。そして、「今日は若い方たちに会うから、お化粧していたのよ」と微笑みながら言われました。そして、メッセージを伝えてきます。

「人の見た目にこだわらないこと。そこにいる人の姿、形さえもメッセージなのですから。人を醜いと思う場合、それは自分の心の中にそういう部分があるからです。注意してくださいね。

私はバラの花が好きだけど、あなたは野の花のほうがお似合いのようね。部屋の中に一輪くらい野の花を置いてみるといいです。元気になりますよ」

ということを言われました。そして、個人的に、

「香辛料はお好きかしら？　あれは力が強すぎるから摂りすぎに注意してね」

とメッセージを言われまして、今度はティーセットを取り出してお茶を入れ始めました。後ろには、顔の見えない（なぜかフレームアウトしていて首から下だけしか見えません）執事のような人が付いていますね。こちらもガイドなのでしょうか？　そして、「日々、お茶を楽しむくらいのゆとりは持ちたいわねえ」と言ってお茶を勧めてくれました。

そして依頼者の過去生を見せてくれます。負け戦を逃亡中の武士の一団が見えてきました。鎧もぼろぼろで、髪も乱れたまま。兜もどこかへ飛んでいる感じです。馬に乗って街道を走っています。

「ミツヒデ殿は逃げおおせたか？」

先頭を走っていた侍があとから追いついた侍に聞いています。どうやら、この先頭の侍がこの方の過去生のようです。後ろの侍は、まだ追っ手が激しいので遠くまでは行かれていない、というようなことを伝えてきます。そこで侍は馬の向きを変えて、従っている5、6人の侍に声をかけました。

「我らが時を稼ぐ。ミツヒデ殿に逃げていただくため、ついてきてくれるか？」

侍たちは皆ついていくことを表明します。時間稼ぎとは、これから死ににいくのと同じことなのですが。そして、侍たちは自らの命を犠牲として主君の逃げる時間稼ぎを行なったということです。

映像がカフェに戻ってきました。エリスさんが微笑んでいます。

「もう、このような無茶はしないでくださいね」

そう言って、また微笑みました。そしてお茶をいただいて、今回のガイド拝見は終了となりました。ミツヒデ殿とは明智光秀とも思いましたが、ご自分で確認されると面白いと思いますよ。

〈国王の過去生〉

ちょっと珍しい流れでしたので、ここで内容をご紹介させていただきます。ヨーロッパにある、ある国の王であった時期があったようです。まだ小国家が乱立していた時期の話ですね。

国内で反乱が起こり、王は城壁の上に追い詰められました。このまま自殺を選ぶか、つかまるか。王はその時、自ら命を絶つ勇気がなく、そのまま結局捕らえられました。その結果、さらし者になり、

悲惨な処刑にあったということです。こんなことならば、あの時に死んでいれば良かった。そんなことを考えているイメージが伝わってきます。そこで、その意識をレトリーバルしてみました。意識をカフェに戻すと、ガイドが私の目の前に現れました（上イラスト）。それは、さっきの王様です。

「もっと身近な人物の話に耳を傾けることだよ。でないと私のような結末になりかねない。そこに注意することだ」

そして、

「過剰な力は身を滅ぼす。自分の手に入るくらいの力を少しずつ得ていきなさい。急激な変化を求めると、その分急激な転落につながりやすい」

とも言われました。王様ご自身の経験からの言葉でしょうか。

「人を愛し、社会を愛し、仕事を愛しなさい。自らが否定したものからは何も得られない」

そう言って、開《ひら》けた草原の風景を見せてくれました。

広い草原とどこまでも続く空、そして、吹き渡る風。

「あなたはこの風になりなさい。停滞した世界をそっと吹き渡る風のような人生。それがあなたの道だ」

ということを言われていました。そして、最後に、

「私はいろいろと失敗をしてきた。だから、あなたのガイドになったのだよ。これで現世での失敗をやりなおすために」

と言って去っていかれました。ガイドも自分の修行のために人を導くので

しょうね。ガイドも私たちと同じ人間ということですね。ただ、存在している場所が向こうかこちらかの違いで。どちらも修行中の身なんですね。

＊＊＊＊＊＊

圭　過去生、といっても、ごく一部を見せる感じですね。こういうパターンはいくつかありましたが。

ル　全部見せていたら終らないわよ。あくまで、メッセージを伝えるのがメインなんですから。

圭　でも、過去生から学ぶことも多いのでしょう？

ル　人によっては、ね。過去生の影響を引きずっている場合は、それを自覚することで今後の学びになったりするから。

圭　ところで、最初の方、ミツビデ殿って、ひょっとしてあのミツヒデさんですか？

ル　さあ？　今度調べてみれば。

圭　教えてくれないんですか。

ル　それを調べるのも学びよ。

圭　次の方は、ガイド自らが国王だったんですね。しかも過去生だという。

ル　意外とそういうのは多いのよ。ガイドもあなた達も学んでいる仲間なんですから。

圭　ところで、私の過去生で、ガイドになっていて、有名な人とかもいるんですか？

ル　いるわよ。

圭　誰です？

ル　わたし。

圭　……聞いた自分が愚かでした。あれ？　ということは私の過去生にルリカさんもいるんですか。

ル　そうだったらどうする？
圭　いつの時代ですか？
ル　遠い遠い昔のことよ。
圭　遠い目をして誤魔化さないでください。
ル　時期がきたら分かるわよ。それまで我慢しときなさい。
圭　時期って？
ル　さあ、生きている間じゃ分からないかもね。
圭　気の長いお話で。

《ガイド拝見／16　和風ガイド》

圭　ここいらで、ちょっと和風の方々も見てみましょうか。
ル　意外と日本風の方々少ないものね。
圭　何ででしょうね？
ル　前も言ったように、あなたの偏見のせいでしょう？
圭　そう言われると、どうしようもないですね。

＊＊＊＊＊＊

〈あねさん〉

現れたのは、着物を着くずした女性。おいらんとかそういう雰囲気を漂わせていましたが、でも日

本髪を結《ゆ》っていません（上イラスト）。そして、メッセージを聞きますと、夜空に浮かぶ星を手にとって、見せてくれます。

「小さな星は、夜空で輝いていてもそれほど注目されませんが、このように一つだけを見ると、それは美しく輝いているのがわかると思います。大勢の光と比較しないで、自分の中にある小さな光に注目してください。自分にある美しい光に気がつくことが、これからの世界を有意義に過ごすコツですよ」

と微笑みながら言われました。他には？　と聞きますと、

「たまには和服を着てみてくださいな。とてもしっくりくると思いますよ。昔の記憶を心地よく思い出せるかもしれません」

　そして、

「人生というのは、音楽に合わせて踊るようなもの。音楽をよく聴いて、それにあわせることができないと、上手く進んでいきません。自分の人生に流れている音楽をよく聴いて、それを感じてください。そうすれば、自分の人生での目的などを感じ取ることができるでしょう」

と言って微笑んでいます。最後に、

「みかんはおなかを冷やすので、食べすぎに注意ね」

というちょっと季節はずれなことを言われて去っていかれました。見た目は姉さんかと思いきや、優しい方でしたね。

＊＊＊＊＊＊＊＊＊＊＊＊＊＊＊＊＊＊＊＊＊＊＊＊＊＊＊＊＊＊

〈一重御前〉

ハート出版
図書目録

平成21年2月

★★20th★★

since 1986

【目録中の記号について】
(☆)は全国学校図書館協議会選定図書
(★)は日本図書館協会選定図書
(◎)はその他の推奨図書を表します。

これから

こころ…Heart
れい……Spiritual
からだ…Body

ホームページ
も見て下さい

http://www.
ハート
810
.co.jp

ホームページに
表紙・目次・前書
紹介しています
ここからも注文でき

HEART 株式会社ハート出版 03-3590-6077 〒171-0014 東京都豊島区池袋3-9-

ご注文の方法

●小社出版物のご注文は書店または添え付きの葉書でお申し込み下さい。葉書
到着の翌々日までに発送します。(土日祝は除く)。お支払いは現品到着次第
同封の郵便振込でお振り込み下さい。送料は実費ご請求させていただきます。
●お急ぎの場合は電話・FAX・電子メールでも注文できます。

電話 04-2947-1155　FAX 04-2947-1076

●目録の価格表示は定価です。定価は消費税（5%）を含みます。
●定価等は今後諸般の事情により変わることがあります。予めご了承下さい。
●商品によっては、在庫に僅少につき、売り切れる場合がございます。

長江寺住職 萩原玄明の本

新装版］精神病は病気ではない
精神科医が見放した患者を独特の〈霊視〉と〈供養〉で次々と完治させた記録。
四六上　2100円

新装版］精神病が消えていく
1365円

死者からの教え 四六上　2039円

あなたは死を自覚できない
四六上　1529円

これが霊視、予知、メッセージだ
四六上　2100円

心を盗まれた子供たち 1575円

近藤千雄のスピリチュアリズム

新装版］迷える霊との対話
C・A・ウイックランド 2940円

タイタニック沈没から始まった永遠の旅
E・ステッド編　四六上 1680円

ペットが死ぬとき
S・バーバネル 1680円

スピリチュアルシリーズ

光の剣 遥かなる過去世への旅
C・T・シャラー著　浅岡夢二訳　1575円

アカシックレコード・リーディング
如月マヤ　1365円

魂の目的 地上に生まれたあなただけの理由
如月マヤ　1365円

愛は死を超えて
F・ラグノー著　荒川節子訳　1575円

幸運を呼び込む**スピリチュアル気功**
佐藤眞志　1575円

生きる力がわいてくる**スピリチュアル気功**
佐藤眞志　1575円

直観力レッスン
リン・A・ロビンソン著　桑野和代訳　1575円

運命力レッスン
〈運命のスイッチ〉が、あなたを変える！
ペギー・マッコール著　桑野和代訳　1575円

スピリチュアル・パワーアップ・レッスン
J・オルロフ著　サリー・キヨモト訳　1575円

スピリチュアル・ストーリーズ
オリーブ・バートン著　近藤千雄訳　葉祥明画
親と子の童話集。　A5判変形 1470円

CD付**スピリチュアル・イングリッシュ**
坂本英知著 近藤千雄監修 A5並 1995円

天使に会いました
エマ・H・ジェームズ著 ラッセル秀子訳 1575円

がんはスピリチュアルな病気
「がん患者によるがん患者のための最高傑作」
ジョン・R・マクファーランド著　浦谷計子訳
四六上　2205円

スピリチュアル評伝シリーズ（四六上製）

イエス・キリスト失われた物語
（★）F・V・ロイター著　近藤千雄訳　1575円

ジャンヌ・ダルク失われた真実
L・ドゥニ著　浅岡夢二訳　1575円

ミニ健康書《ふるさと文庫》

●書店では取り寄せ出来ません。
●注文は直接当社へ。

文庫判
各25

＊印は監修

0 **深海ザメ**の酸素効果が癌・現代病を治す（横田貴史／薬学博士）
1 **スクワラン**いきいき素肌美容法（横田貴史／薬学博士）
2 高血圧によく効く**ギャバロン茶**（大森正司＊／農学博士）
3 頭を良くする魚の**ＤＨＡ**（鈴木平光／医学博士）
4 動脈硬化・成人病を防ぐ**黒酢**（中山貞男／医学博士）
5 アレルギー・婦人病に効く**ヨモギ**（伊沢一男／薬学博士）
6 驚異のパワー・**ニンニク**の秘密（有賀豊彦／医学博士）
7 ガン・老化に勝つ**松葉**の力（山ノ内愼一＊／医学博士）
8 現代病に**ドクダミ**の奇跡（佐丸義夫／医学博士）
9 おいしいだけじゃない **紅茶**はえらい！（大森正司／農学博士）
10 一家に一鉢 **アロエ**はわが家の救急箱（木下繁太朗＊／医学博士）
11 １日１杯の**そば**が高血圧・肝臓病を防ぐ（辻 啓介＊／医学・農学博士）
12 もっと凄い薬効がわかった魚の**ＥＰＡ**（矢澤一良／農学博士）
13 １日２個の**たまご**が効く（市川富夫／薬学博士）
14 **カルシウム**が骨・血管・神経を強くする（江澤郁子／医学博士）
15 驚異の自然食品**プロポリス**（Ｆ・カストロ／医師）
16 こんな人に**ビタミンＣ**（菅原明子／保健学博士）
17 若返りとガン予防に**ビタミンＥ**（菅原明子／保健学博士）
18 **シソ油**が効く!!（奥山治美／薬学博士）
19 魚の**ＤＨＡ**で難病に克つ（矢澤一良／農学博士）
20 １日１個の**りんご**が成人病を遠ざける（武部和夫／医学博士）
21 カニ・エビの「**殻**」**キチンキトサン**が効く（佐藤秀昭／立川病院）
23 ぬるだけで驚くほど効く**馬油**（木下繁太朗／医学博士）
24 **笹のエキス**が効く（川瀬 清／農学博士）
26 難病にはやっぱり**高麗ニンジン**（久保道徳／薬学博士）
27 **牡蠣**（かき）喰う人は病気が少ない（荒川好満＊／理学博士）
28 ガン・成人病に**β－カロチン**（高橋敦子／女子栄養大学助教授）
29 ［改訂版］驚異の**酵素**パワー（藤本大三郎／理学博士）
30 魚の**ＤＨＡ・ＥＰＡ**は泳ぐお医者さん（鈴木平光／医学博士）
31 **古代米**は日本人を救う（安本義正／工学博士）
32 疲れたら「**杜仲**」でいっぷく（難波恒雄／薬学博士）
33 **レシチン**で細胞から強く美しく（秦 葭哉＊／医学博士）
34 現代の難病に**霊芝**が効く（久保道徳／薬学博士）
35 大麦若葉の青汁「**麦緑素**」（萩原義秀／医学博士）
36 アフリカのお茶**ルイボスティー**（前田 浩／医学・農学博士）
37 糖尿・ダイエットに**ギムネマ**（幡井 勉／医学博士）
38 ［改訂版］神秘の栄養食**ローヤルゼリー**（田代一男／農学博士）
39 正しいクロレラよく効く**クロレラ**（山田幸二 ／郡山女子大学教授）
40 不思議なキノコ**冬虫夏草**（矢萩信夫／自然薬食微生物研究所長）
41 **しその葉**エキスの秘密（山崎正利／薬学博士）
42 **しじみ**のエキスが肝臓に効く（江藤義春／農学博士）
44 美肌の味方**ハトムギ**（志田信男／東京薬科大学教授）
45 新発見 **“食べる絹”**（平林 潔／理学博士）
46 **羅布麻**の驚く効きめ（難波恒雄／薬学博士）
47 自分で育てる漢方**びわ**（濱口壽幸、長門潤／長崎県果樹試験場）
48 **スピルリナ**で現代病に勝つ（新居裕久／医療法人医食会理事長）
49 “第七の栄養素” **核酸パワー**（松永政司／医学・工学博士、宇住晃治／医学博士）
50 五臓六腑に**田七人参**（木島孝夫／薬学博士）
51 **ＤＨＡ**びっくりデータ（矢澤一良／農学博士）
52 **カロペプタイド**で元気もりもり（大野秀隆／理学博士）
53 ［改訂版］若さと健康の支え**コラーゲン**（藤本大三郎／理学博士）
54 自然治癒力を高める**あしたば**（山ノ内愼一＊／医学博士）
55 ガンを抑制する**イカ墨**の謎（松江 一／理学博士）

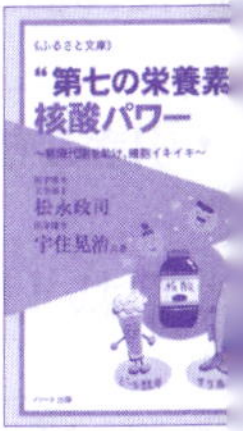

富田富士也の本

い家族」を願うほど子どもがダメになる理由

も気づかなかった成果主義家族の落し穴。ベテランカウンセラー20年間教訓。相談例満載で子どもへの対応180度変わる。　2100円

保育カウンセリング もう保育で悩まない

育現場の様々な悩みに、カウンセリグマインドでお答えします。保育に関る職員のメンタルヘルスの手引き書。

2100円

どもの心が聴こえますか？

どもの気持ちを聴く40のエピソード。
四六並　1365円

い子」に育ててはいけない

四六並　1365円

版]「いい子」を悩ます強迫性障害Q&A

四六並　1575円

版] 子どもの悩みに寄り添うカウンセリング

四六並　1575円

・引きこもりからの旅立ち

2100円

ってはいけない親のひと言

1575円

のサインを見逃がすな

1575円

どもが変わる父のひと言

1575円

傷つきやすい子に言ってよいこと悪いこと

1575円

子育てに立ち往生の親子へ

1575円

父の弱音が「荒ぶる子」を救う

四六並　1470円

[CD版] ぼく心が痛いよ

（書店販売なし・直販のみ）
著者講演録。　2100円

育　児

はじめてのひきこもり外来

「全国引きこもり親の会」顧問の精神科医が、豊富な臨床例から治療の道筋をわかりやすくアドバイス。
中垣内正和　四六並　1575円

「困った子」ほどすばらしい

池田佳世　四六並　1575円

新「困った子」ほどすばらしい

親子がうまくいく〈簡単〉魔法のテクニック！第２弾は内容もさらに充実。
池田佳世　四六並　1575円

目からウロコの「男の子」育て

五味常明　四六並　1365円

表記のないものは　A５上製　各1260円

ョンライター　関朝之】

ふさがれた犬 純平
けた子犬が、善意の人々
られ、やがて人の心に
感動実話。

団地犬 ダン
が団地の大人たちを動
画化

団地犬 ダン
った捨て犬。

クの犬 ラブ
図書

内犬ゴン
こ花をそえる感動実話。

と4匹の子ども

犬 ラン

首輪をはずして!

リンにあいたい

氷原の犬アンナ

書き続ける　今泉耕介】

導犬 モア
定図書

の一生
図書

アイヌ犬 コロとクロ
(◎) 北海道指定図書

お帰り！盲導犬オリバー
(★◎) 北海道指定図書

【海外在住のフリーライター 池田まき子】

車いすの犬 チャンプ

3日の命を救われた犬ウルフ

出動！災害救助犬トマト
(◎) 新潟中越地震でも活躍した名犬。

検疫探知犬クレオとキャンディー
ビーグル犬２匹が、成田国際空港で大活躍！

地震の村で待っていた猫のチボとハル
(◎) 山古志村で被災したペットたちの物語。

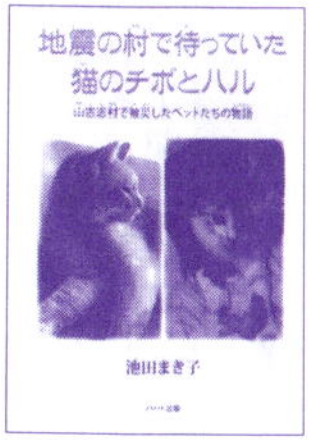

【ぞくぞく登場　ドキュメンタル童話犬シリーズ】

犬のおまわりさんボギー
日本初の“警察広報犬”　西松宏

牧場犬になったマヤ
第55回産経児童出版文化賞受賞
第10回「わんマン賞」受賞作。　中島晶子

老犬クー太 命あるかぎり
NHK 放映で話題　井上夕香

実験犬 シロのねがい
実験犬ゼロのきっかけ。井上夕香作 葉祥明画

天使の犬ちろちゃん
星になった難病の犬。　杏有記

ぼくを救ってくれたシロ
TV 報道で大反響　祓川学

赤ちゃん盲導犬 コメット
第４回「わんマン賞」受賞作。　井口絵里

犬ぞり兄弟 ヤマトとムサシ
第５回「わんマン賞」受賞作。　甲斐望

名優犬 トリス
(◎) 茨木市推薦　山田三千代

こころの介助犬 天ちゃん
第７回「わんマン賞」受賞作。　林優子

聴導犬・美音がくれたもの
(★) 赤ちゃんを育てた柴犬。　松本江理

昔の「盲導犬」サブ
お寺の和尚さんの目となった犬。　新居しげり

「アンビリバボー！」などマスコミで大反響

ごみを拾う犬もも子 (◎)
第９回「わんマン賞
受賞作。　中野英

ごみを拾う犬もも子のねが
“さようなら、もも子” 13歳5ヶ月永眠
国に感動の嵐を巻き起こした“ごみを
う犬”最後のメッセージ。　中野英

えほんシリーズ (B5上製 32 頁)

ボクをすてないで
B5 変形並製　なりゆきわた

えほん盲導犬ベルナ
❶～❺巻。待望の絵本化！
ぐんじななえ作　ひだかやすし

ほんとうのハチこうものがたり
かえってきたジロー
めをふさがれたいぬ じゅんぺい
だんちのこいぬ ダン
ひとのこころをもったいぬ
えほん いのちのあさがお
(◎) 岩手県課題図書

「わんマン賞」募集
ハート出版では「犬（わん）と人（マン
とのワンダフルな関係」をテーマにした
ドキュメンタリー童話作品を募集してい
ます。問い合わせは、当社編集部まで。
TEL 03・3590・6077

健康実用

表記なしは　四六並製　各 1365 円

を招く睡眠時無呼吸症候群
石塚洋一

わない枕は病気をつくる
奥山隆保

盤浴の秘密
イエットだけじゃない！遠赤外線と
イナスイオンの驚くべき効果！
五味常明

臭恐怖
五味常明

デオドラント革命
新版］体臭・多汗の正しい治し方
五味常明　四六上

う汗で悩まない
五味常明

しくなければ介護じゃない！
五味常明／須藤章共著

新治療いぼ痔注射療法
国本正雄・安部達也・鉢呂芳一

ぜ笑うと便秘が治るの？
国本正雄

に聞けない前立腺・泌尿器の問題と解決
林謙治

立腺がんは怖くない！
林謙治

に聞けない性感染症（STD）の問題と解決
林謙治

本物の治す力
菊地眞悟　四六上　1575 円

治すホスピス
平田章二　四六上　1575 円

強迫性障害は治ります！
快復のためのコツとヒント満載。
田村浩二

うつ再発　休職中の告白
本人はもちろん、そういった部下を持つ上司、同僚、そして家族も必読の書。
田村浩二

アレルギーは自力で治る！
医者も薬も使わず、自宅に猫がいっぱいいても、アレルギーを治した体験絵日記。
市川晶子

自力で治った！糖尿・肥満・虚弱体質
「アレルギーは自力で治る！」の第二弾！今度は家族の病気、不快な慢性症状を克服！
市川晶子　1470 円

図解はじめての女性泌尿器科
（★）奥井識仁／奥井まちこ　1575 円

「なぜ治らないの？」と思ったら読む本
西洋医学と東洋医学をかけあわせた、第３の医学“ハイブリッド医療”
河村攻

趣味実用

A５並製

小さな離島へ行こう
＜新装改訂版＞（★）
本木修次　四六並　2100 円

小さい島の分校めぐり
（★）本木修次　2100 円

無人島が呼んでいる
本木修次　2100 円

島と岬の灯台めぐり
（★）写真多数、灯台 233 基の解説付き！
本木修次　四六並　2520 円

親子で楽しむホタルの飼い方と観察
＜増補改訂版＞（☆）家庭で簡単にホタルが飼育できる。写真とイラストでやさしい解説。　大場信義　1890 円

これからはひょうたんがおもしろい
＜増補改訂版＞
中村賀昭　1680 円

「更科」元四代目藤村和夫の本

蕎麦全書
そば研究の種本的名著が訳解で蘇る！「そば職人のご意見番」藤村和夫（有楽町更科４代目）が軽妙に解説！
日新舎友蕎子 著／新島繁 訳　2100 円

旨い！手打ちそ

旨い！手打ちうど

蕎麦なぜなぜ草

だしの本

麺類杜氏職必携

そば屋の旦那

ペット実

ペットの命を
ペットを取り巻く
小さないのちを救

犬に尊敬される
ドンとハリーの飼い主
ら見た理想の飼
マル

て占う年度版の暦
の占術家写真付名鑑付。
四六並製　1000 円
日本占術協会編

料金受取人払郵便

豊島支店承認

7703

差出有効期間
平成22年５月
15日まで

郵便はがき

171-8790

425

東京都豊島区池袋3-9-23

ハート出版

① 書籍注文 係
② ご意見・メッセージ 係（裏面お使い下さい）

〒

ご住所		
お名前	フリガナ	女・男
電話	− −	

注文書	お支払いは現品に同封の郵便振替用紙で（送料200円）	冊数

ご愛読ありがとうございます（アンケートにご協力お願い致します）

●ご購入いただいた図書名は？
●ご購入になられた書店名は？ 区 市 町

●本書を何で知りましたか？

①書店で見て　②新聞の広告（媒体紙名　）

③インターネットや目録　④そのほか（　）

●ご意見・著者へのメッセージなどございましたらお願い致します

●お客様の個人情報は、個人情報に関する法令を遵守し、適正にお取り扱い致します。
ご注文いただいた商品の発送、その他お客様へ弊社からの商品・サービスなどのご案内をお送りすることのみに使用させていただきます。第三者に開示・提供することはありません。

桜の木の下にたたずむ、着物美人です。十二単《じゅうにひとえ》っぽくて平安貴族のような感じですが、顔の様子は現代風（左イラスト）。お名前は？　と聞いてみますと、

「一重御前、とでも呼んでくださいな」と言われました。何かが一重なのでしょうか？　メッセージは何でしょう？　と聞きますと、青い玉と透明な玉をくるくると回しています。

「すべてはバランスです。あなたは今どちらかに偏りすぎていませんか？　人のお話を聞くのもいいですが、ご自分の内面とお話することも大切ですよ。人の話を鵜呑みにするのは楽ですが、そればかりではものの見方が偏る可能性もあります。自分の外の世界と内の世界、そのバランスが大切ですね」

と言われました。２色の玉は、そのイメージのようです。

「夢の数だけ、自分の可能性が広がります。今目の前に意識を集中しつつも、夢は多く持ってください。実現可能とかそういうものは気にしないでイメージを持つのです。それが一つの方向性となってきます。もちろん、それは良いエネルギーを呼び込むものであってほしいですが。

お金に対して罪悪感を持つ方もいらっしゃいますが、それは考え方の問題です。お金もエネルギーの一種です。悪いお金（エネルギー）もあれば、良いお金（エネルギー）もあります。楽しいこと、うれしいこと、ウキウキすること。そういうものには良いエネルギーがあります。そういうお金の使い方をしているところには、なぜかまたお金が戻ってくるものです。

一方、何かしないといけない、人から良く見られたいための投資、世の中の

ために使うお金でも、自分の心に義務感や制限を与えるような使い方は避けたほうが良いでしょう。見返りを求めるお金は、戻ってきません。

お金に困る方は、一度そのあたりの考え方を自分で見直してみることも必要でしょうね。

過去生をレトリーバルするのもいいですし、アファメーションするのもいいでしょうけど」

というお話もされました。お金の話は皆さんに向けたもののようですね。そして、最後に、

「豊かなエネルギーは豊かなものを導きます。貧しいエネルギーは貧しいものを導きます。自分の周りにあるモノが何に属しているか。それに気がつくようになると、もっと皆さんが幸福になれますね」

と言って、去っていかれました。なんだか個人的、というよりは全体的なメッセージが多かった気がします。ちょっと高次っぽい方だったからでしょうか？

〈前代未聞　ガイドの入浴シーン〉

いつものように、まるの日カフェに移動。そこでご本人とお会いしまして、ガイドの姿を見ます。すると、見えてきたのは泡風呂に入っている女性。アメリカ映画とかに出てきそうな、陶器の白い楕円のバスタブが、カフェの外席に忽然と現れまして、しかもヌードの美女が中に入っているのです。

一瞬、これは間違った所に来たのかな？　と思いましたが、周りを見ると、やっぱりカフェです。

それに、ご本人がガイドだと言うので、ガイドなのでしょう。入浴シーンから現れるガイドは初めてですね。しかも、シャンパングラスを持っています。まるで映画みたい。

「なんで、風呂入ってるの？」と聞きますと、

「これから、この方が次に進むための身辺整理の時期に差し掛かっています。身のまわりを綺麗にす

る必要がある、というイメージを伝えるためにお風呂に入ってみました」
そして、シャンパングラスを持っているのは乾杯の意味もあって、いい方向に進む兆し、という意味合いもあるようです。

しかし、風呂に入ってる女性と話し続けるのも何か問題がありそうなので、今日はそのままですか？と聞きますと、「ちょっと上がるわね」と言って、お風呂から上がってきました。残念ながら着替えシーンはなしで、すぐに服を着た状態になりました（上イラスト）。しかも和服。

どうやら、大正から昭和初期あたりの女性の雰囲気があります。さっきの姿とのギャップに驚きましたが、こちらの姿が普通のようです。

そこで、「身辺整理、というのはどういうことでしょうか？」と聞きますと、

「人は次の段階に進む時は、必ず古いものを置いていくことになります。それは思想であり、環境であり……。その〝時〟が来たら、流れにのって、逆らわないようにしてください。しがみついたり、固持するのは諦めてください」
と言われました。他に、個人的なことを聞いて今回は終了となりました。

イラストは、「前代未聞、ガイドの入浴シーン！」にしようかとも思いましたが、勝手に人のガイドの裸載せると問題になりそうなので、普通のお姿を書きました。このように、和服の似合う方でしたので、洋風の泡風呂に入っている姿とのギャップがありましたね。

ガイドも、いろいろなメッセージの伝え方があるものです。しかし、何でもアリですね。

〈和装の男性〉

まるの日カフェにてご本人と会いまして、ガイドを見ます。すると、背後から登場したのは、白装束の若い男性（上イラスト）。神主？　のような雰囲気です。神職で、「子惟命」？　のような文字を見せてきます。呼び方が分からないのですが、こういうイメージのお名前のようです。

神職だったんだけど、嫌になって自殺しちゃってねえ、とか言って、ははと笑っています。意外と軽い感じですが。まあ、ガイドの素性はともかくとして、メッセージはないですか？　と聞きますと、

「これから起こることに注意して臨みなさい。あせりは禁物です。自らの欲、駆け引きは考えずに心の内から出てくる声に耳を傾けなさい」

というようなことを言われました。他に過去生などを見せてもらって、最後に、

「日常の雑事に追われているばかりではなく、たまには神気を吸収するようにしたほうが良い。といっても、わざわざ神社に参りに来る必要はなく、近くにある木や岩などにあるエネルギーを感じるだけでもいいだろうね。それに、直接行かなくても、写真や本のイメージでそこに行ったつもりになることも効果がある」

と言われました。

「多少忙しくなっても、焦らないことだよ」

そう言って、子惟さんは去っていかれましたね。ちょっと軽い感じのする神主っぽい人でしたが。

圭　それぞれ個性的でしたね。

ル　ガイドの素性もそれぞれでしょう。最後の方なんかは自殺してますから。

圭　よくスピリチュアル系の本などでは、自殺した人はずっと捕らわれているような話ありますが、それだとガイドになれないですよね。それと、話は逸れますが、私の母親のガイドの一人に、前作「誰でもヘミシンク」で見えた私の江戸時代の過去生、それを切り殺した下手人《げしゅにん》がいましたよ。これにもちょっとびっくりしましたが。

ル　自殺した人も、人を殺した人も、どんな人でもちゃんとガイドになれるのよ。一つの見方に捕らわれているといろんなこと見逃してしまうわ。だいたい、国王のガイドさんもいたでしょう？　国王なんか、大量殺戮者にもなるんだから。

圭　まあ、そういうことといわれると歴史上の英雄がガイドに付いているのも考えちゃいますね。英雄も見方を変えれば大量殺人者ですしね。ところで、この自殺した方はどうやってガイドになったのですか？

ル　囚われてからレトリーバルされて、今に至るの。

圭　えらく簡単な説明ですね。

ル　人のガイドの素性なんて知っても面白くないでしょう？

圭　そう言われるとそうですが。じゃあ、人を殺したことのある人がガイドになる場合は？

ル　そんなの、普通どおりよ。フォーカス27にいって、その前に信念体形領域に入るかもしれないけど。まあ、そこからレトリーバルされてフォーカス27にいって、ガイドになって。

圭　なんか、意外と向こうの世界から見ると普通なんですね。こっちの価値基準でいうと、大変なことをした人は別のところに行くような気がしてましたが。

ル　そう思っている人はそういうところに行くだけよ。ま、もちろんあなた方の基準で悪いことをした人がすんなりフォーカス27に来られるわけではないのだけどね。そのあたりの説明をしていると本が一冊書けてしまうからここでは省略しとくわ。

圭　一度じっくり聞きたいものですね。で話しは変わって、入浴していたガイドさんはなんでわざわざ裸でいたんですか？

ル　サービスじゃない？

圭　そういう職業の人ってわけじゃないんですよね。

ル　分かりやすいイメージとして、入浴シーンとシャンパングラス、それを用意してあげたということでしょうね。屈強な男の入浴シーンなんか見たくないでしょう？　別に中に入る必要はないんだけど、ガイドからのサービスでしょうね。

圭　ルリカさんはそういうサービスしてくれないんですか？

ル　私が裸で出てきて何のサービスになるの？

圭　そりゃそうですけど。読者サービスくらいにはなるのでは？

ル　じゃあ、裸になってあげるわ。……ほら！。

圭　っていっても見ているのは私だけなんで、何の意味もない気がしてきました。

ル　なんであなたはもっと感激しないのよ！美少女のヌードよ。普通ならば高いお金払ってでも見られないものでしょう。

圭　子供の裸は見てもそれほど反応しないですよ。それに身近なガイドですから、姪っ子の裸見ているような感じですね。

ル　失礼ね、私の設定年齢は16歳よ。結婚できる年齢なんだから。

圭　16才って……。現実世界でこんな女の子が身近にいると嫌です。

《ガイド拝見／17　少女系》

圭　さて、今からはルリカさんと同じような、少女系のガイドさんを見てみましょう。性格はまったく違いますけど。

ル　何その言い方。私だって可憐な十代の少女なのよ。

圭　言動がオヤジになっているときも多いですけどね。

ル　人生経験が豊富だからそう聞えるだけよ。

圭　どうだか。

＊＊＊＊＊＊＊＊＊＊＊＊＊＊＊

〈イエロー少女〉

現れたガイドは、鮮やかな蛍光イエローの服を着た、ボブカットの若い女性です。ひらひらと服をなびかせながら漂っています（次ページイラスト）。メッセージはなんですか？　と聞きますと、

「見えるもののみを追いかけていると、いずれ本当のものが見えなくなってくる。そこにないものに真実が隠されていることに気づいてほしいです」

と妙にあいまいなことを言われます。

「今手元のあるものを手放そうと考えるとき、それを一度自分の意識の外へ出してみてください。そして、それをじっくりと外から眺めてみるのです。

そのうち、いろいろな感情が表れてくると思います。そして、その心の動きに従うのです。正しい、正しくない、は問題ではありません。なぜ、そのように心が動いたのか？　そこに注目してみるのです。感情に意識を向けるのではありません。そして、愛による基準を保ちつつ行動してください」

ということも話されていました。

「幸せは人のものを真似るのではなく、自分の内面から湧き出でる心の動きに素直になれたときに初めて得られるものです。自らの心を常に見ておきましょう。そして、愛をもって受け入れましょう」

個人的には何かないのですか？　と聞きますと、

「基本的なものはすべて持っています。あえてここで言うことはありませんよ」

と微笑みながら言われました。ある意味、丸投げ状態ではありますが。そして、最後に、と言いながら、

「私は常にあなたの元にいます。心の動きの中に存在しているのです。愛の中にいるとき、私は常にそこにいるでしょう。いつでも私に会いに来てください」

そう言って去っていこうとしましたので、お名前は？　と聞いてみますと、

「『幸福』です」と言っていました。

幸せの黄色いハンカチ、ちょっと古い映画を思い出してしまったりして。たぶん、このガイドは、幸せな感情の中に存在しているのでしょうね。感情自体のイメージがガイドとして現れるのも初めてじゃないですかね？

〈少女漫画系〉

今日もガイド拝見をしていますので、その内容をご紹介。

見えてきたのは、スイスかそのあたりの切手が印刷された紙で作られた袋と、その袋に入ったクリームパン。水色の線のようなものが入っています。

まさか、これがガイド？　と思っていると、そのパンの袋を破って、食べようとする人物が。私がじっと見ると、気まずそうに「へへへへ」と笑って、袋に戻しています。その人物は、白人系の若い女性。少女でしょうかね。水色のストライプの入った、かわいらしい服を着ています。髪の毛もちょっとキャンディキャンディ（註14）入っていますね。

あなたガイドですか？　と聞くと、そうよ、と言って明るく笑います（上イラスト／目に星が入っていますが、実際にこのように見えたわけではありませんから。近いイメージで、ということですね）。

メッセージは？　と聞きますと、

「あまり細かいこと気にしないの。なるようになるんだから」

妙に明るく言います。しかし、ガイドの言葉とは思えませんね。なんのアドバイスにもなっていない気が。そして、さっきのクリームパンを勝手に食べ始めながら、「お酒関係はなるべく飲まないようにしてね。そして、フルーツをたくさん食べて。そうすると体の調子もいいはずよ」

と言っていますが、パンをもぐもぐ食べながらです。だいぶフリーなガイドさんですね。そして、食べ終わってから急に海のイメージを見せてくれました。海から太陽が昇っています。

「今あなたのところには、こんな感じで良いきざしがあらわれているはずです。それをそこで止めてしまうのか、これからさらに明るい展望にしていくのか、そこが今のポイントですね。一緒に良い方向にしましょうね」

と、今が何かの分かれ目のようなことを言われていました。そして、赤いリボンのついた花束をハイッと渡して、

「これからまだ良いことありますよ。そのイメージを常に持っていてくださいね」

そう言って、にっこりと微笑んでいます。全体的に明るいメッセージを伝えに来た方のようですね。普通の少女のようで、ガイドっぽくないですが。

お名前は？　と最後に聞いてみますと「キャシー」と言いました。それはまたベタなお名前ですね、とつい言ってしまうと、「その辺にある普通の名前だから」と言って、笑いながら去っていかれました。話しててこちらも明るくなれそうな、気持ちの良いガイドさんでしたね。

* *

圭　と、見てみましたが、それぞれメッセージも優しい感じですね。ちょっとうらやましいです。

ル　誰を見ながら言っているのかしら？　私だって優しいメッセージ送っているでしょう？

圭　まったく、何を基準に言っているのやら。少女系の方々は、基本前向きなメッセージが多いような気がしましたが。

ル　見た目優しい少女が厳しいこと言ったら、ちょっとへこむんじゃない？

圭　私は慣れましたけど。

ル　じゃなくて、ガイド見てもらった人がよ。

圭　ショックでしょうね。特にキャシーさんのような方があなたのような口の利き方だったら、凄いがっくりきますよ。

ル　失礼ね。

圭　そういえば、このキャシーさんはちょっと思い入れありますね。依頼者から返って来たメッセージに書いてあることが、かなりリンクしていましたし。

ご自分でも半信半疑の、ガイドらしき人物が名乗った名前が「キャサリン」さんで、キャシーと呼んで、と言われたらしいですからね。

ル　本人に気付かせるために、こういう粋な演出をしたのよ。

圭　こうやって、本人しか知らない情報を私が得られたときは、自分も何かをちゃんと感じ取れているのだな、と大きな自信になりましたよ。

ル　見るほう、見てあげるほう、共に学ぶ関係なのよ。見てあげているのだから、という意識でやってはだめよ。

圭　それは重々承知しています。

《ガイド拝見／18　お姉さま系》

圭　今度は妙齢な女性ガイドを見てみましょうか。
ル　なんか楽しそうね。
圭　そりゃあ、女性は見てて楽しいですからね。
ル　だからあなたの見るガイドは女が多いのよね。
圭　それって、好みも影響するんですか？
ル　そのあたりの話は後でしましょうか。

＊＊＊＊＊＊＊＊＊＊＊＊＊＊＊＊＊＊＊＊＊＊＊＊＊＊＊＊＊＊＊＊＊

〈美しいガイド〉

現れたガイドは若く長い黒髪の美しい女性（左ページイラスト右）。何かメッセージは？　と聞きますと、木々の芽吹く様子を見せてくれます。どうやら、今がこのような時期だと言いたいようです。芽吹きの季節が来ているみたいですね。

「今後人生が素晴らしい方向に展開してくるでしょうが、新芽を放っといてもちゃんと育ちません。栄養が必要になります。あらゆる知識を得て、そして無駄な情報に流されないような生き方をされてください。すると、新芽も成長するでしょう」

他には？　と聞きますと、

「降り注ぐ愛のエネルギーを受けられるよう、常に心を開いておいてください。オープンマインド、オープンハート、これが今後の課題ですね」

と言っています。それを上手くやるには？　と聞きますと、
「それは日常の生活を送ることできちんと身につきます。周りにいる人々に学びと感謝を……、すると思考が開かれ、愛があふれてきます。特別に何かをしようと思う自体が思考を閉ざすのです。
ガイドはいつも側にいます、これからも一緒にがんばっていきましょう！」
そう言ってガイドは去っていかれました。なんだか、今日は愛に関するメッセージが多かったような気がしますね。

〈気だるそうな女性〉

案内された先にいたのは、カウチに寝そべった女性（上イラスト左）。ミル姉さん（分かるかな？（註15））のような気だるい雰囲気が漂っています。

あのー、あなたガイドですか？　とつい聞いてみると、そうよ、と気だるそうに答えて身を起こしました。さすがにタバコは持っていないようです。なんでカウチ？　と聞いてみると、「ゆったりとリラックスをする必要があるからよ」と言われてしまいました。単に、この人がゆったりしたいだけじゃ？　と思いましたが、メッセージを聞くことに。

「あなたの仕事は今順調かしら？　そう思えないのならば、一度自分が何をしているのか良く考えることをお勧めするわよ」

気だるそうに髪をかきあげて、チェス盤を取り出してきました。

「ポーンはクイーンと比べると明らかに能力が低く見られます。しかし、最後のとどめをさす場合、ポーンは重要な位置を押さえることができるのです。自分の立ち位置、それはなんなのでしょうかね？　ビショップ？　ナイト？　それともポーン？　そこを押さえた上で、自分の人生を考えてみられるといいですよ。

私たちは、一人ですべてを行なっているわけではありません。それぞれに違う能力の集合体で一つの意味を成すのです。自分がポーンだとしても、同じグループにナイトがいれば、その動きやすい道を開ける仕事はできるわけです。人生はチェスだと思ってください。そして、そこで勝利を得るためにあなたのポジションは何をすべきなのか。それをこれからよく感じてくださいね」

と言って、少し微笑んでくれました。

何か、チェスの好きなガイドさんのようですね。将棋じゃダメなんですか？　と聞いてみると、

「あれは成ったり、取った駒を打ち込んだりするからややこしくなるもの」

だそうです。そして、

「人の進む『道』は『未知』のもので『満ち』ているものです。そこに満ちている未知を知るほどに道が開けるのはそういうことなんですよ」

とちょっと上手いことを言って、じゃあ、帰るわね、と言いながら去っていこうとしました。最後にお名前を、と聞くと、

「ジェシカよ」そう言って、気だるそうに歩きながら去っていかれました。

〈旅芸人〉

ガイドの姿を見ようとすると、背後に騎士とか鷹匠とかがちらっと見えまして、目の前に現れたのは旅芸人の女の子のような人です（上イラスト）。そして、

「楽しく楽しく前向きに」と言って笑っています。ポジティブポジティブ、とも。

「人はたいてい悩みを持っています。周りにいる明るい人にも悩みは必ずあります。ただ、それを表さないだけ。悩むことで人は成長していきます。悩んで、前向きに考えていくことが大切ですね。それには、健全な精神状態が必要ですね。本を読んで知識を深め、運動をして体の調子を良くする。このバランスが大切です。自分の外側と内側のバランスがとれていない人が、いくら精神的な安定を求めてリラクゼーションツールを使用したところで、その時だけの効果しかありません。知識があり肉体的にも健康、そういう状態でならば、深い効果が得られるでしょう。何か効果を得たいのならば、まずは自らを向上させることが必要です」

と言っていました。そして、過去生を見せてもらったのですが、恋人と別れ別れになった過去があったようで、

「今後、この男性と現世で出会うこともありますが、今はこういう関係になる必要はありません。一時的に惹かれることがあると思いますが、そのあたりは注意してください。惹かれる人、だからといって、運命の人というわけではありません。過去生にこういうことがあった場合などは、そういう気持になることもあるでしょう。でも、それを今の生に持ち込む必要はありません」

ということです。そして、問題が起こったときは、心のなかで、私たちに語りかけるといい、と言っています。そうすると、直感、偶然の一致などの形で

なんらかの答えが得られるだろう、ということで。それに気がつくように注意してくださいとも。去っていこうとしたので、名前を聞くと、「ラフィエル」のような発音でした。

「旅芸人やっていたけど、若いうちに盗賊に襲われて殺されちゃった」と妙に明るく言っていましたが。ガイドといっても、それぞれに素性があるみたいですね。

＊＊＊＊＊＊＊＊＊＊＊＊

圭　いろいろな方いましたね。
ル　あなたの接触しやすいタイプばかりだったわね。
圭　って、どういうことです？
ル　あまり感情の激しい方いないでしょう？
圭　言われてみればそうですね。でも、ガイドで感情の起伏が激しいというのもいかがなものかと思いますが。
ル　そうかしら？　他の方々が会っているガイド達の中には、感情的に意見を言う人もいるのよ。
圭　へぇ。私のガイド達はそこまでないですから、みんなこんなもんかと思っていました。
ル　聞く人に合わせたしゃべり方や態度で接してくるものよ。あなたの場合は感情的だと逆効果だから。
圭　ルリカさんはなんで、そういう話方なんですか？
ル　あなたがツンデレ好きそうだからよ。
圭　それはちょっと違うような気が。
ル　ま、実際こうやって会話が弾むのだから、いいんじゃない？　やっぱり、話しにくいガイドとはあまり会話ないでしょう？

圭　ま、確かにそうですが。

ル　対話がないと情報のやり取りが難しいですからね。理解も進まないし。

圭　そういえば、最後の方なんかは「殺されちゃった」みたいにかるーく流していますが、これはガイド的にはどうなんですか？

ル　どうって？

圭　もしもこの人が過去生だったら、この殺された影響が今の方に残っているのではないかと。

ル　こうやって出てきているんだから大丈夫じゃない？

圭　囚われていないんですか？

ル　その囚われを持ちつつガイドも行なう、そういう場合もあるのよ。

圭　それは、またややこしいですね。

ル　ガイドが自分の囚われを、本人と一緒に取り去ろうとする場合もあるのよ。

圭　意外と、複雑なんですね。

ル　そう単純な世界じゃないのよ。

＊＊＊＊＊＊＊＊＊＊＊＊＊＊＊

《ガイド拝見／19　美味しそうな料理とガイド》

現れたのは、おしゃべり好きな西洋風の服を着た中年女性です。中世のようなイメージでしょうか。「ガイドの姿はそれ自体に意味があるの。だから、ガイドの姿にも注意をはらってね。しゃべるガイドは、それが一番相手に伝わりやすいからしゃべるのよ」と言っています。そしていきなり魚のパイ

包み焼きの講義を始めました（上イラスト／普通の40代の女性）。目の前で作っています。おいしそうです。完成したパイ包み焼きを目の前に見せながら、「一見すると、これは魚料理には見えませんね。ひょっとしたらお菓子かも？と思わせます。しかし、一つ切れ目を入れると、とたんにおいしそうな魚の香りが漂ってきます。

切り分けられた一切れと対面することで、この料理の真髄が味わえるのです。外見だけで判断せず、内面に切り込んでみて、初めてその人物の姿が見えることもあります。ガイドも人も、外見だけで判断してはいけませんよ」

というお話をされました。私は、パイ包み焼きの魚がおいしそうで、とても食べたくなりましたが、過去生の話をいきなりされました。

石、という名のつく地名がある場所に住んでいたそうです。日本ですね。その土地にあるお地蔵さんと縁があるそうです。で、何が言いたいかというと、「昔から子供に注意がいくかもしれませんが、過去生で子供を助けるような仕事をしていたことがあったようです。今ではどうでしょうか？　もしも子供を救う活動に興味がとてもあったとしても、それはこの世に受けた使命というわけではなくて、この過去生からの影響ですので。そのあたりをご理解ください」

そして、最後に、

「移り変わる世の中に頑固な信念は必要ありません。柔軟な信念をもって、流れに乗っていきましょう」ということを言われて、料理も全部持って去っていかれました。パイ包み焼き食べたかったです。

圭　このパイ包み焼き、美味しそうでしたね。
ル　この魚料理もガイドなのよ。
圭　え、あのこんがり焼かれたものが、ですか？
ル　人間に魚のガイドがいてもおかしくないのよ。
圭　それは、一体どういうことで？
ル　あなたにとって、「非物質的に影響を与えてくる存在」がガイドなんでしょう？　じゃあ、この焼かれた魚も、そこに料理として存在することで、メッセージを伝えてきてますね。ならば、これもガイドじゃなくて？
圭　うーむ。それを言うと、ガイドが肉料理作っていたら、その肉の元の動物すらもガイドってことになりそうですよね。
ル　そう考えるとそうね。
圭　いったいどのあたりからガイドになるんですかね？
ル　個々の意識がしっかりしてきた存在からかしら。だから、単細胞生物とか、そういうものはガイドになりえないわね。
圭　ガイドの概念ががらっと変わりそうな感じですよ。まさか動物や食べ物すらガイドと言ってもいいようになるとは。
ル　それくらい範囲の広いものなのよ。
圭　でも、さっき、I／T関係以外のガイドはいないって言っていませんでした？
ル　I／T関係じゃない。その人の、I／Tメンバーに関係する存在だったらいいのよ。

圭　なんか、屁理屈で押さえ込まれたような気が……。
ル　なんでもガイドなのよ。人間だけがガイドだと思わないことね。

《ガイド拝見／20　ガイドのメッセージあれこれ》

圭　ちょっと紙面も少なくなってきましたので、ここから数例集めて見てみましょうか。
ル　手抜きはじめたわね。
圭　違いますよ、少しでも多くのメッセージを本に載せたいだけです。
ル　じゃあ、全部載せれば？
圭　それはちょっと。大変なことになりそうなので。

＊＊＊＊＊＊＊＊＊＊＊＊＊＊＊＊＊＊＊＊＊＊＊＊＊＊

〈甲板作業員？〉

続いてもうお一人、はるんちゃんにいきなり連れて行かれたのは船の上。「ここは作業甲板ですぅ」とか、さらっと言っていますが、私には空母か何かのデッキに見えました。

そこで、一生懸命ブラシをかけている若い男性がいます。声をかけると、手を休めてこちらに気付いてくれました。「やあ、何か用かい？」とさわやかに声をかけてきます。あなたはなんでここに出てくるのですか？　と聞いてみると、

「私はガイドだよ。今大切な仕事をみんなでやっているんだ」

そう言って、周りを手で示します。すると何人もの人影がデッキを磨いている様子が見えます。ガ

イドが大勢で何やっているんですか？　と聞くと、

「掃除だよ。今までにたまってきた精神的な垢をみんなで流しているんだよ」

と言われます。

「これから新しい船出が待っている。そのためには美しい船で出かけたほうが気持ちいいじゃないか。私たちはそのために磨いているんだよ」

それは、いまから人生の転機がくるということですか？　と聞くと、

「そう。でも船はゆっくりとしか進まない。転機が来たからといって、急にすべてが移り変わるわけではないよ。徐々に変化を感じるはずだから。だから周囲の変化には十分気をつけて欲しい。いいチャンスを見逃さないようにね」


そう言って、またブラッシングを始めました。なんで船なんですか？　と聞くと、

「この船が、私たちがガイドしている方のイメージなんだよ。そして、我々はその航海を手助けするクルーだ。今回のイメージはそういうことをあらわしているんだよ」

だそうで、じゃあ、いつもガイドとして現れるときは作業着姿？　と聞くと、

「そうではないよ」そう言って、ぱっと服を変えました。それはナポレオン時代のような軍人の服装です。「いつもはこのような姿でいることが多いかな」と言っています。ガイドも作業するときは服を着替えるのですね（上イラスト・／作業着とのギャップが大きい）。

〈大黒様？〉

今回現れたガイドさんは、おすもうさん、大黒さん、そういう感じの方です。大きなお腹を抱えた、にこにこしたおじさん（上イラスト）。依頼者が自分の進む方向性について聞きたいようですが、と尋ねると考えこみました。

「もう方向性は決まっているはずだよ。何かを決断する時、それは最終的に自分で行なわないといけないが、時期が来たときは動かざるを得ない状況になる。その時までに自分を高めておくことが必要だね。

タイミング、というのは、自分の心の準備が整っていないときに来るものだよ。そのあたりを注意することだ。自分の進むべき道に迷うときは、自分が何をしたかったのか思い出してみること。それがない場合は、今目の前にあるものを一つ一つ重ねていけば、方向性が見えてくる。

その壮大なストーリーは分からない。目の前に起こってくることを次々とこなしていけば、全貌が見えてくる。そういうもの。人生の全貌など誰にも分からない。分かったつもりの人と、分かった気になっている人がいるだけ。そういうことすらも、すべて最初から計画されていることなのだからね」

そういうメッセージを残して、福々しいガイドさんは去っていかれました。名前聞きそこないましたね。なんだか、見ていると拝みたくなるような福の神っぽいイメージの人でしたよ。

〈アラブの商人〉

見えてきたガイドは、ラクダに乗ったアラブの商人です。それもひとコブラクダなので、乗りにくそうですが。目の前でラクダから降りて、私の前にやってきて挨拶をします（上イラスト）。そして、対談開始。なんで商人なんですか？　と聞くと、

「経済は重要だよ。世界を動かすエネルギーなのだから。お金を忌み嫌うものではないよ。これがないとこの世界では自由がないのだからね」

と言われました。もちろん、向こうの世界の話ではなく、C1（現実世界）でのお話ですね。

何かメッセージは？　と聞きますと、

「有意義なお金の使い方を考えること。自分の体験となるものだったら、なんでも良いだろう。なにも、人に施すばかりが、有意義な使い方ではないのだから。ギャンブルで損をしても、それで学びを得ればいいのだし、女性や男性に貢いで振られても、それはそれで学べば良い。ただし、同じことを繰り返すのは愚かであるので、それに気がつくためにいろいろやるのは問題ない。

体調が良くないときは、光のイメージを行なうこと。もしくは、太陽か炎の光を浴びること。免疫力を高める働きがある。それとフレッシュな野菜と果物。このあたりからエネルギーを得るのも効果的だが、無理に食べる必要はない。自分の元にある食物に感謝して食べるだけでも、エネルギーのレベルが変化するので毎日それを行なうことを勧める」

というようなことを言われました。なんだか、白い服を着て、入院している

姿が見えましたので、体調に注意、ということでしょう。ストレスを溜めないように、というお話もしていました。

他には？ と聞きますと、ストロー、プラスティックのボールなどのイメージと、原付バイクが走っているイメージが見えてきました。このあたりのものが何か関係してくるみたいです。ちょっとしたキーワード的に見ておいてください。

「われわれは、キャラバンを組んで、盗賊から身を守りながら商品を運び、商売を行なっている。君たちも、他所《よそ》から来る低い波動のエネルギーから身を守りつつ生活していくというのは、同じようなものだよ。自分の体内にある存在たちと協力して、外界に立ち向かう必要がある。まず自己認識をして、自分の体と心を協力させていくことが大切。自分の内面をバランスさせていこう」

と言って、ラクダに乗って去っていきました。名前は、「アシュラム」さんと言うらしいです。

今日は以上のような感じです。

＊＊＊＊＊＊＊＊＊＊＊＊＊＊＊＊＊＊＊＊＊＊＊＊＊＊＊＊＊

圭　という感じですが、いかがでしょう。
ル　私たちの解説がない分、読みやすかったんじゃない？
圭　それを言われると、どうしようもないですね。これから黙ってろってことじゃないですか。
ル　それもいいかもね。あとは黙っていましょうか。ジーラみたいに。
圭　そういえば、ジーラ一言もしゃべっていないですが、何か言うことないんですか？
ジ　別に君たちの話だけで十分だろう。私はあとのほうで解説に加わるよ。
圭　まあ、しゃべることないならいいですけど。

ル　ジーラもしゃべらないと、仕事来ないわよ。
ジ　仕事って、何？　私たちならば充分仕事をしているじゃないか。
ル　ほら、あとで「あのガイドの話がもっと聞きたい！」とか声がきて、対談が本になるかもしれないじゃない。
ジ　それで喜ぶのはルリカだけだろう。私はそのような欲はない。
圭　そんな本作っても誰が喜ぶのやら。それよりも、内容に対してのコメントは何かないんですか？
ル　見え方に変化がある人たちが多かったわね。女性の依頼者を「船」に見立てて掃除していたりしたわね。でも、これって、よく考えるとかなりエロいわね。
圭　はい、そこ。下ネタ禁止ですよ。
ル　何よ、下ネタは万国共通の笑いよ。世代も空間も超えるネタなんだから。
圭　下ネタの話題はどうでもいいですよ。今回は依頼者が女性だから優雅な船でいいじゃないですか。これがトラクターとかだと、かなりメッセージが難解になるでしょうし。
ル　ガイドの姿にも意味があるのと同様、そこに見える依頼者を象徴したものも、とても意味があることなのよ。なので、ガイド拝見のときは、そこにある小物にも注意することね。
圭　それを最初の頃に言ってほしかったなあ。
ル　学びよ学び。自分で体感して学びなさい。
圭　じゃあ、アラブの商人が乗っていた「らくだ」にも意味あるんですか？
ル　さあ？　ないんじゃない。
圭　さっきと言っていること違うし！。

ル　そういう場合もあるのよ。なんでも、人の言うことばかり信じていたら進歩もないわよ。
圭　まったく、ああいえばこう言う。ガイドってたまに信用できなくなることありますがね。
ル　私たちはあなたがいくら信用してくれなくても、あふれるばかりの愛で導いてあげているのです。
　　この心遣いがわからないの？
圭　なんか、わざとらしい言い回しですね。
ル　信じるものは救われるのよ。
圭　信じないものは救われないのですか？
ル　信じない人には救いの糸が見えないから。
圭　でも妄信するのはいかがなものかと思いますよ。
ル　「信じる」、と「妄信」は違います。そこは間違えないでね。「妄信する」人々にも救いの糸は見えませんから。
圭　難しいこと言いますね。どのあたりが違うんですか？
ル　それくらい自分で勉強しなさいよ。なんでも教えてもらえると思ったら大間違いよ。
圭　厳しいのか、単に面倒なのか。
ジ　面倒なんだろう。
ル　なんか言った？　ジーラ。
圭　ガイドの内輪もめはやめてください。なんか、私たちの無駄な対話が長くなりすぎのような気がしますから、次行きますよ。

《ガイド拝見／21　お叱り系》

まるの日カフェにてはるんちゃんと遭遇。外のテーブル席にて依頼者とお会いして後ろにいるガイドを拝見します。

現れたのは西洋の婦人、フランスあたりの洒落たご婦人という感じですね。お名前は「ジーナ」さん。それって、紅の豚（註16）に出てくる人の名前じゃ？　と聞きなおすと、これでいいのですと言います（左イラスト／ちょっと気の強そうなご婦人です）。ゆっくりと隣に腰掛けました。そして、「今日は私、この方を叱るために出て参りましたのよ」といきなり言い放ちました。説教開始です。

「まず、決めたことは守ってください。そして、出来ないことは引き受けないでください。それをやるから自分にストレスがかかるのです」とジーナさんが言うと、依頼の方が、

「そう言っても、断れないときがあるんだよねえ」的な答えをしてしまいました。すると、ジーナさんが「断るのではなく、かわす技術を身につけてください」と。

「様々な方から、苦労を押し付けるような波動が来た場合、真正面から跳ね返すと、また相手に当たって自分に跳ね返ってきます。ではなく、来たエネルギーを反らすのです」

「どうやってです?」つい私が聞くと、

「それは、代わりの案をつけて返すのです」と言って、さらに、

「例えば、奥さん、または彼女が、あなたと一緒の時間を過ごしたいのでど

こかへ連れて行ってと言われたとします。でも今自分は行く気がまったくない。そういう場合に「行かない」と否定するとケンカになります。そこで「今回の休みはちょっと行けないけど、次の休みはどこどこに行こう」と、具体的にアイデアを示すことで相手のエネルギーを反らすことができます。

常に、相手が何を望んでいるのか？　それは今して欲しいことなのか、それともその人と一緒に何かをしたいということなのか？　その仕事を今日したいのか？　あとでもいいから、とりあえずやって欲しいのか？　相手の考えを読むことも必要になります。その辺のテクニックを身につけてくださいな」

と言われました。

次に、個人的には何かないですか？　と聞くとシャンパングラスが2つ出てきました。それを2つテーブルに並べて、ジーナさんがそっとくっつけました。そして、にこっと微笑みます。結婚されているなら奥さん、彼女がいるならば、その関係が良くなる？　ような意味でしょうか。何か心当たりがあれば参考にしてください。それと、なぜかチョコレートの山が見えてきました。これが何を意味しているかはよくわかりませんが。何かを象徴しているのでしょうか？　最後に、「世の中のことが、すべて上手くいっていると自信を持って言えるように過ごされてください。いつも私はあなたの傍にいます」とメッセージが。

そして、去り際に「今年は愛の季節よ」と言っていました。

一応、このような感じでしたが、参考程度にお願いします。

圭　ガイドで、このように「叱るために出てきた」というのは数少ないですね。

ル　そりゃあ、ガイドも言いたくなることもあるでしょう。

圭　なんで私を見ながら言うのですか。

ル　私たちもね、いろいろと言いたいこと我慢しているのよ。

圭　なんでここで愚痴を言い出すんですか。

ル　たまにはガイドの声も外部に伝えておかないと。「ガイドの主張」というのもあるのよ。

圭　だって、ガイドは日の目を見ない影の仕事だって言ってたじゃないですか。

ル　こういう機会に皆さんに知っていただくのもいいことかと思って。

圭　そんなことよりもガイドが伝えたいことって、普通はどうやっているんですか？　こうやって見える人を利用してやっているだけじゃないでしょうし。

ル　そんなことやってたら、みんなフォーカス27の住人になるまで伝わらないわよ。私たちのアクセス方法は、先ず「夢」、「人の言葉」、「本やメディアからの言葉」、そして「直感」という感じかしらね。たまーに実力行使するときもあるけど、それはかなり特殊なときね。

圭　夢と言われても、たいてい忘れてますよね。

ル　でも、潜在意識には刻まれているから。それだけじゃ効果が薄いから、人の言葉を利用するのよ。

圭　どうやって？

ル　私があなたにアクセスしようと考えます。ま、こうやって直に話すと早いのだけど、物事によってはそうもいきません。そこで、あなたの出会う予定のある方、その方のガイドと話をして、ちょこっと意識の領域を空けてもらうの。そして、私のメッセージをちょっと送らせていただくと、その会う予定のある方は、あなたに会うときにそういう話をしてしまう。そんな感じかしら。

圭　それって、同意の上ですか？
ル　そうよ、あなただって、しょっちゅう他のガイドから、メッセージ伝えるように使われているじゃない。ブログに書く言葉だって、人に話す言葉だって。
圭　それ、ルリカさんが仲介しているんですか？
ル　私もする場合あるわね。
圭　知らないうちにいろいろ活用されていたんですね。
ル　人間はみんなつながっていると思えば、それもありでしょう？
圭　ま、互いに影響し合って生きていると思えばそうですが、それを嫌がる人もいるんじゃないですか？
ル　だったら心を閉ざせばいいのよ。簡単よね。
圭　それって、あんまり良い解決法ではない気がしますが。
ル　それを選ぶのも、人とのコミュニケーションを選ぶのも、それは個人の自由ですから。
圭　ガイドは何もしないのですか？
ル　しているけど、本人が反応してくれないのならば、仕方ないわね。
圭　そういう時はどうするんですか？
ル　ま、ちょっと手痛い目に合ってもらって、気付いてもらうこともあるかしらね。
圭　さらっと恐ろしいこと言いますね。ある方のように、全財産巻き上げられたりするんですか？
ル　人によってはね。
圭　なるべく、ガイドの声を聞くよう努力します。

*＊＊＊＊＊＊＊＊＊＊＊＊＊＊＊＊＊＊＊＊＊＊＊＊＊＊＊＊＊＊＊

《ガイド拝見／22　修行系ガイド》

最初見えたのは、薬師如来像。まさか、薬師如来がガイド？　と思いましたら、その像を彫っている仏師の方がガイドでした。目つきも鋭く、髪は伸び放題といった感じです。魂込めて仏像を作っているイメージですね（上イラスト）。メッセージは？　と聞きますと、

「コツコツと仕事をすることだ。目の前にあることを積み重ねていけば大きな物となる。そのことを忘れないように」

他には？　と聞きますと、

「大きな目標を掲げるのも大切だが、まずそれを実現できるかどうかを考えるのも重要。自らの技量がその目標と合っていなければ、永遠に届かぬ夢でしかない。自らの技量を近づけるべく、コツコツと努力することが必要。

食べ物では、果物を食べて良い水を飲むこと。ペットボトルなどに入っているものではなくて、自然にある地下水、清流などが良い。これらは、体のバランスを整える。週に1回、月1回、もしくは年に数回でもいいので、こういう水を飲むことを勧める」

その後、個人的なことなどを聞いて、ガイドが言いました。

「自分は自らの生き様を、この彫り物一つにささげてきた。出来上がった物を見ると、それが自分の生き様を表現しているように作った。仕事でも、家事でも、それ自体が、今の生き様を表現しているということを忘れないようにする

ことだ。仕事が上手くいかない、家庭が上手くいかないのは、自らの生き様がそうなっているからだ。一度、自分の視点をどこか別の場所に置くことも大切である」

生き様が出るということでしょうかね、耳が痛いですね。そして、お名前は「吉助」だと名乗って去っていかれました。薬師如来像が未完成であったのも、何かの暗示かもしれませんね。

＊＊＊＊＊＊＊＊＊＊＊＊

圭　この方、ガイド拝見以降も現実世界で何度か直接お会いしていまして、後日講演会のときに直接ガイドをまた見せていただくことがありました。その時は修行僧でしたね。それも、高い崖をどうやって上っていこうかと思案する姿で。何か、修行の人生になっている方のようです。

ル　そうやって、同じようなキーワードが出てくる場合は要注意ね。それがブロックとなって、今の人生の重石となっているのよ。その修行のようなイメージを取り除くことが先でしょうね。

圭　どうやれば？

ル　レトリーバルとか。あとはガイドの導きに従っていけば大丈夫よ。

圭　どうやって導きに気付くのですか？

ル　それくらいは自分で考えてもらうしかないわね。

圭　意外と冷たいのですね。

ル　前も言ったけど、私はあなたのガイドであって、他の人のガイドではありません。他の人は、そのガイドのやり方があるからあまり口出しはしないのよ。

圭　そう言いながら、結構口出ししているような気が……

《ガイド拝見／23　身内の方がガイド》

圭　ここでは、亡くなったご主人がガイドになっている例と、生きている奥さんがなっている例をあげてみます。

ル　身内の存在自体がガイドのようなものですからね。こちらと向こう、住む世界は変わっても、その関係はなくならないものなのよ。

＊＊＊＊＊＊＊

〈亡くなったご主人がガイド〉

亡くなられた身内がガイドになるのか？　そういう話の一つの形として今回の件は参考になるかと思います。現れたガイドは、ご主人が連れてきまして、まるで会社の後輩のように私に紹介してくれました。まあ、ご主人も今はガイドですからね。まるで、このまま名刺の交換しそうになる感じで、ガイド拝見開始です。ガイドの方は、若い男性で、西欧人風（上イラスト）。お名前は「ウベホフ」のような発音でした。

メッセージは？　と聞きますと、

「女の子は、精神的に安定するように心がけたほうがいいですね。年頃の女性は無意識に向こうの世界のエネルギーを活用しやすいですので。

まず、ご自分が精神的安定を得られるようにしてください。だから、多少わがまま言って仕事や家事を休んだりしていいのですよ。疲れたときは自分に素直になりましょう」

と言われました。家族間には見えない絆がやはりありますので、誰か一人でもイライラしていると、それが伝播するという感じのことを言われたようです。

「私たちのメッセージは、たぶんご主人を通してこれから来る場合が多いと思います。やはり、縁の近い存在からのほうが情報が伝わりやすいですし、愛がありますからね。

私たちだとどうしても直接的になったりしますが、お身内の方ならばそのあたりを調整していただけますので」

というお話も。よく身内の方が夢枕に出てきてメッセージをくれたりしますが、それはこういうことなんでしょうね。他には？　と聞きますと、

「縁のある方々は、皆手助けしてくれます。それはこちらの世界でも向こうの世界でも同じ。今後もそういう方々の手助けに甘えていいのですからね」

と言って微笑んでいます。そして、最後に光を見せてくれました。

「皆さんの中には光が必ずあります。それを見ていれば、大丈夫です」

そして、ご主人とともに、帰っていかれました。このように、ガイドと身内の方が協力していることもあるみたいです。というか、この場合はご主人がガイド、と言う感じですね。私が以前お会いしていたので、今回も現れたのだと思います。向こうの世界に行かれた方との縁も、ずーっと続いているのですよ。

圭　ちょっとここでコメントを。この方の場合、ガイドとご主人が同時に現れていますね。

ル　別に問題ないんじゃない？　夢枕に亡くなった方が立つとき、たいていガイドと一緒に来ているものよ。

圭　今回はそれを知覚できたというわけですか。そういえば、他の方でもお爺さんがガイドになっていた方も、同時に別のガイドが来てましたね。

ル　まだこちらの生きている時の意識が強いものだから、独り立ちしているわけではないのよ。それに、生きている方々の念が、その亡くなった方をこちらに引きとめかねないので、ガイドも同行していたりするの。

圭　生きている方の念って、そんなに強いのですか？

ル　非物質世界の存在よりも、生きている人間のほうが念が強いのよ。だから、幽霊なんかよりも人間のほうがよっぽど怖いわよ。

圭　そんなもんなんですね。

＊＊＊＊＊＊＊＊＊＊＊＊＊＊＊＊＊＊＊＊＊＊＊＊

〈奥様はガイド？〉

今回、ガイドを見させていただきましたら、なんと現在の奥様がガイドとなっておりました。私も最初は見間違いかと思って何度もアクセスし直したのですが、やっぱりそうとしか見えなかったので、そう思うことにしました。しかし、こういうこともあるのですね。私も勉強になりました。

皆様にもお役に立ちそうなメッセージとしては、

「学びを多く得ることが幸福へとつながっていきます」としきりに言っています。

「治そうとするのではなく、受け入れてください。治すというのは、今目の前に悪い状況があると考えているからです。そうではなく、相手の現状を受けいれて明るい未来の姿をイメージしているほうが、治療には効果があります。

人を導く方法はたくさんあります。人の前を歩く方法から、そっと後押しする方法まで。共に歩んでいき、気付きを与えていく方法もあります。ガイドは人によってやり方が異なります。すべて、周りにいる存在はガイドなのです。

身近にいる人の言葉、それはガイドからの言葉です。耳障りのいい言葉ばかりを言いませんよ。それによって気付くことを促すのです。その気付きを得たときは素直に相手に感謝の気持ちを送りましょう」

ということを言われておりました。確かに、大切なことですね。

＊＊＊＊＊＊＊＊＊＊＊＊＊＊＊＊＊＊＊＊＊＊＊＊＊＊＊＊＊

圭　奥様がガイド、というので、イラストはあえて描いておりませんが、この方の奥様は、ちょっと精神的な病にかかっていらっしゃいました。そのあたりのこともメッセージとして送られてきましたね。

ル　この方、奥様の高次の意識がガイドとなっている例ね。意外とこういうことはあるのよ。あなた達が知らないだけで。

圭　どういうことで？

ル　人間の意識は、今ここで見えている範囲だけではないということ。実際、障害者と言われている方も、向こうの世界で見ると本当に高貴な姿をしている場合はよくあります。単に、こちらの意識だけが真実だと思わないことですね。

圭　その場合、どうすればいいのですか？

ル　相手の心の奥にある魂を見ることからはじめることですね。自分の精神が不安定であるほど、その影響が相手にも伝わります。まず、自分が安定すること。そして、精神的に成長すること。これが大切なのだと思います。愛を持って相手を受け入れる。相手がガイドであるのと同じように、こちらも相手の方にとってはガイドなのですから。相手が非物質世界からガイドしてくれているのならば、現実世界からのガイドをこちらでしているような。

圭　非物質世界では生きている人間も同じように影響をし合っています。ガイドは何も見えないところにばかりいるのではないですからね。

ル　それは、私もガイド拝見していて思いました。身の周りにいる人々、すべてがガイドであり、ガイドの言葉なんだなあ、と。それにどう気付くかなんですよね。

圭　そこを学ぶために、あなたがたは今ここにいるのよ。

ル　まだまだ学びの途中です。

《ガイド拝見／24　最初の人間？　ガイド》

圭　さて、人間ガイドもこの方で終わりですね。

ル　最後はどんな人なのかしら？

圭　ある意味、最初の人類のガイドかも？

〈はじめ人間？〉

今日のへミシンク。先日、ガイド拝見の依頼がありましたので、今日の朝、見てみました。

カフェに到着しますと、外の席に依頼者らしき人物を発見。そこで、背後にいるガイドを見ると、ざっと何人かイメージが湧きます。そこで、「今最もメッセージを伝えたい方お願いします」と私が言うと、空間からにじみ出るように一人の男性？　というより原人っぽい方（上イラスト）が現れました。

このようにワイルドなガイドの方は初めてなので、つい「あの、ガイドの方ですか？」と聞いてしまうくらいでした。

自分はこの人のガイドだとハッキリと言うので、間違いはないのでしょう。

そこで、何かメッセージは？　と聞くと、「勘、インスピレーション、直感、感覚を活用してみること」と言われました。あまり理性で制御しないでみたら？　的なニュアンスでしたが。それと、「女性的な側面が必要。愛について考えてみるのも良い」とも。

他に「女性のパートナー、母親、妻、彼女、そういう存在との接し方から学ぶことが多いはずだ」と言われていました。全体的に女性性と感覚的なメッセージが多いですね。

そしてヘミシンクに関して、「必ず上達するから、このまま続けていくと良い。私以外の存在が先に現れるだろうが、いずれ私に会えるからそのときを楽しみにしている」とも言われていました。

最初このガイドの外見で驚きましたが、この姿自体に意味があったようですね。もっと原始的な感覚を生かせということでしょうか？　心当たりのある場合は参考にされてみてください。

圭　これは、普通引くでしょう。
ル　ちょっとショックかもね。
圭　でも、依頼者には、心当たりもあったりしたみたいでしたね。それと、後日直接会う機会がありまして、ご本人とお会いしたのですが、原人を連想させるようなワイルドな感じではなく、小柄で笑顔のキュートな女性でしたよ。
ル　まあ、ジョークの分かる相手と思って、ガイドもこのような演出をしたのかもね。
圭　これって、人類と思っていいのですかね？
ル　二本足で立っているから大丈夫でしょう。
圭　妖怪じゃないんですよね。
ル　人類よ。ちゃんと知的な目をしているじゃないの。
圭　今後もこういう方、出てくるのでしょうか？
ル　アトランティスとかレムリアとか、そういう昔の人類ガイドが出てくるのならば、原人ガイドがいてもおかしくないでしょうね。
圭　まあ、古代の人間というくくりでは同じかもしれませんが。ガイドは奥が深いですね。

非言語交信系　人間タイプ

《ガイド拝見／25　ダンシングガイド》

圭　さて、人間系で今までは言葉で対話していたパターンでしたが、何人か非言語交信でしかコミュニケーションできなかった存在もいたんですよね。それをここに載せていきますね。

ル　リアルに言葉の通じない人ってことね。

＊＊＊＊＊＊＊＊＊＊＊＊＊＊＊＊＊＊＊＊＊＊＊＊＊＊＊＊＊＊＊＊＊＊＊＊

〈東南アジア系〉

現れたガイドは、東南アジアなどにある仮面をつけて踊るダンスがありますが、それをやっている男性です。バリ島とかであるそれよりもシンプルな感じですね（左イラスト）。こういう方は、イメージ映像系なので、コンタクトが難しかったりします。そして、メッセージを伝えてもらうことに。すると、身振りと手振り、踊りを交えてイメージを伝えてきます。その言いたいところを文章にすると、

「もうじき、自らが飛び立とう（向上する？）とするような出来事が起こる。その時に、流れに振り落とされないようにしっかりとつかまっておくこと」

というイメージを伝えてきました。ちなみにどうやって伝えているかと言うと、ゼスチャーですね。

「海と密林（森？）の間にある土地にはエネルギーが少ないので、なるべく自然の中に入ってリフレッシュすること。海産物を食べるのも良い」

というようなイメージを送ってきました。そして、巨大な木のイメージを見せてくれます。

＊＊＊＊＊＊＊＊＊＊＊＊＊＊＊＊＊＊＊＊＊＊＊＊＊＊＊＊＊＊＊＊

「この木のように、しっかりと大地に根を張ることが大切。それにより、上に大きな枝をはりめぐらせるのだから」というメッセージがついてきました。そして、過去生などを見せてくれまして、最後に何か？　と聞きますと、鳥の姿を真似て高くジャンプしました。

「高いところにある果物をとるには、飛び上がる必要がある。思い切ることも大切」ということです。そして、名前を聞いてみましたら仮面をとってくれました。下から現れた顔は、40歳くらいの精悍な顔つきの男性です。

「チェジェ」というような発音で名乗って、そして戻っていかれました。こんな感じで、踊りながらメッセージを伝えてくるタイプの方でしたね。今までに何人かこういうガイドさんいますが、東南アジア系は初めてですね。

圭　基本、こういう方々はダンス系ですね。アラブの女性ダンサーみたいな人もいましたし。

ル　踊りにはそれ自体に歴史とか意味があったりしますからね。

圭　ハワイのフラとかそうですよね。

ル　だから、こうやって踊ることでメッセージを伝えようとしているのよ。

圭　でも、これは解読が難しいですよね。イメージばかりですから。

ル　こういうふうにメールやブログなどの文章で伝えるものではないから。ご本人がその場で受け取るのが基本よね。

圭　そうですよねぇ。間違った解釈してないか不安になります。

複数形ガイド

圭　ここからは、複数で登場されたガイドの方々を見ていきましょう。
ル　ガイドも必要とあれば、何人でも登場するのよ。
圭　私もそれ体験してますから分かります。だいいち、ここにすでに2人いますしね。
ル　見えないだけで、実際は山ほどいるんだけどね。
圭　生きているうちに会えるのでしょうかね？
ル　大丈夫よ、死んだらすぐに分かるから。
圭　それも嫌な感じですね。とりあえず、まとめて一気に見てみましょうか。
ル　また手抜きして。
圭　解説のないほうが見やすい場合もあります。

《ガイド拝見／26　複数形ガイド》

＊＊＊＊＊＊＊＊＊＊＊＊＊＊＊＊＊

〈ツインズ〉

見えてきたガイドの姿は、双子の女の子。5、6歳くらいですかね？　かわいらしい格好で現れました。（次ページイラスト）つい、はるんちゃんに「この人たちガイド？」と聞いてしまうくらいでした。名前は？　と聞きますと、「かりん」「しおん」と答えてくれました。私には、どっちがどっちか良く分かりませんでしたが。メッセージは？　と聞きますと、

「死後の世界は今の世界の延長上ではあるけれど、そちらにばかり意識をやらないほうがいいです。今目の前にある現実世界をしっかりと見据えてくださいね」

と言われました。

「もう少し、気楽に自由に考えられると良いですよ。子供の頃のような天真爛漫さ、ある意味無責任的な動き、そういうことをしろというわけではありませんが、それを思い出してみるのも良いことです。子供の心を忘れず、大人の責任を果たす。これが理想です。

世間一般にある『家族』としての関係。それが自分たちにも当てはまるのかどうか？　それはご自分たちで考え判断されたほうが良いです。世間一般の考え＝正しい、ということに縛られると道を踏み誤ってしまいます。家族には、その家族独自のやり方というものが存在していても問題ないのです。無理に合わせようとする必要はありません。

家族間で話などコミュニケーションを常にとれていれば問題ないと思います」

他には？　と聞きますと、

「考えすぎず、子供の頃の直感を取り戻して、多少気楽にされるのも良いですよ」

ということです。ガイドに、この方（依頼者）が生まれてきた目的というものを聞いてみました。

「目的、それはこの家庭に生まれて、それを体験することがまず一つ。目的というと何か大仰に構えてしまいそうですが、平凡と言われるような生き方をするのが目的の場合も多くあるのです。こちらの世界で何かを成し遂げないといけない訳ではありません。目に見えない成果というのは確実に存在しています。

今、そこにある気付きに注目して生活をしてみてください。次々と気付きの連鎖が起こり、自らがこちらを選んできて生まれてきた目的というのが見えてくると思います。ガイドは目的をはっきりと話したりしません。自らそれを見つけられるよう導くことは行なっています。

同じ事が繰り返し起こることはなぜでしょうか？ なぜ同じ問題が目の前に来るのでしょうか？ そして、どうして自分の思い通りに世の中は動かないのでしょうか？

そういうふうに自分の周りに存在していることに注目し、それに対する答えを常に考える。それが自分の目的を見出すことにつながります。私たちは導くことしかしません。答えは自ら探し出してください」

というようなことを言われました。見た目と違って、やたらと言うことがシビアですね。でも、言葉の中には常に愛情が感じられました。子供の姿で現れたのにも意味があるのでしょうね。子供の心を見失わないように、とか。

〈ギャンブル系〉

はるんちゃんに案内されると、「もう帰られましたよ」と言われて、驚きました。今までで、ガイドを見るときは必ずご本人さんも一緒にフォーカス21に来ていましたので。まあ、こういうこともあるのだろうな、ということで、意識をさっきまで座っていたという場所に集中してみますと、見えてきたのはカードゲーム。それもかなり負けが込んでイライラしている様子。あ、ひょっとしてガイドとカードゲームしていて、負けたんで帰ったのかな？　と思ったりしましたが。で、今日のガイドはそのカードを配っている人です。あのカジノとかにいそうな方ですね（左イラスト）。

　男性と女性のイメージがダブるので、おかしいなあ、と思っていると、単に２人いただけでした。ガイドが一人とつい思ってしまってましたね。で、メッセージを聞きますと、

「自分がままならない出来事に遭遇しても、きちんと最後まで対処すること。すると、そのときは道が見えなくても、あとからきっとそのときの経験が生きてくる。なんでも最後まで、納得がいくまでやってみてください」

　と言われてました。そして、１枚のカードをめくりながら、

「あなたの過去生にはクイーンの時期があります。すべてに依存していた記憶が強く残っているみたいですね。その記憶を自分で自覚して、振り回されないようにしてください。過去は過去ですから」

　そう言って、私の前にダイヤのクイーンを投げてきます。ショーがかった人たちですね。

「人生、タイミングと度胸です。その前に豊富な経験が必要となってきますが。なんでも物事をやらないといけないようになる前には、必要な経験が寄ってくるものです。そのチャンスを見逃さないようにしてください。たいてい、それは苦しいときが多いですので、逃げ出さないでくださいね」

　そう言って、２人は去っていかれました。あっさりと重要なところを言うガ

イドさんでしたね。全般的に説教じみていた気がします。

****

〈モノリスガイド〉

ガイドを見るはずだったのに、見えてきたのは真っ黒いつるつるした石版のようなもの。それが私たちのいる席に迫って来て、すぐ近くにそびえ立ちました。

これがガイド？　と思って見ていると、中から5、6人の男女が現れてきます。同じ制服を着た人々です。何かのグループメンバーのようです。SF映画とかで、宇宙船に乗っている人が着ているような服ですね。そして、モノリス（註17）の前に整列しました。これは、モノリスというよりも、超人ロックに出てきたラフノールの鏡（註18）みたいなもんですね。この人たち誰？　と思いながらも、「誰かメッセージを伝えたい方いますか？」と聞くと、中央にいた一番階級が上っぽい人が前に出てきてくれました。他の人たちは直立不動です（左ページイラスト）。

私が握手しながら、「あなた達はなんですか？」と聞くと、「我々は1つのグループで一人の人間をサポートする仕事をしている。この方は、我々の星系に属する方だ」と言っていますが？　とりあえず、仮にこの人物をキャプテンと呼ぶことにします。かなり、いろいろなことを聞きたいところですが、今回はガイドからのメッセージを貰うことがメイン。なので、キャプテンに聞いてみました。

その後、個人的なことを聞いたあと、ちょっと他の方にも通じそうなメッセージがありました。スピリチュアル関係が嫌いな人からのマイナスエネルギーを防ぐ方法のようなことですね。キャプテンが言うには、

「常に、私（キャプテン）を始め、われわれが守っていますが、自分でこういう意識がこちらに向か

ないようにする努力もしてください」

ともおっしゃっています。具体的には？　と聞くと、普通に接すること、だそうです。これは全般的に言えることですが、という前置きをしてから、

「精神的に目覚めている人が偉いわけではない。それに気がつかず、現世で生きている方も同等。同じ盤面上に配置されたコマであるのだから。そこで、自分は目覚めているから目覚めていない人たちは劣っている、と考えた場合、その時点で協調という道を閉ざしてしまい、敵を作ってしまう。

同じ時代に同じ場所に存在している、同じ目的を持った魂なのだから、それに上も下もない。今そこで得られる体験を大切に生きていくという面では、皆平等であり、同じ仲間なのだ。そのあたりを精神世界に目覚めた方は重々承知しておかないとならない。自分が特別ではなく、たまたま、こういう役目を負ったというだけの話なのだから」

じゃあ、もし精神的世界を否定するような人からそういう意見を言われ、普通に接してもやっぱりダメな場合はどうします？　と聞いてみますと、

「その場合は、相手をこちらが認めてあげること。相手がなぜそれに対して拒否をしているのか？　そのあたりを観察すること。別に、こちらからわざわざ影響を与える必要はない。こちらが認めると、それは相手にも伝わる」

という感じでした。これは相手を受け入れる、愛にも通じることですね。別に好きになれということでもなく、相手を認めるだけで自分に対しての悪いエネルギーを寄付けないようになる。世の中そういうものなんでしょうね。

〈美人秘書つきガイド〉

最初にスーツ姿の女性が登場。この人がガイドかな？　と思っていると、別の場所に案内されます。そこはどこかの応接室のようです。すると、案内してきた女性は一礼して去っていき、そこには中年の男性が現れてきました。どうやら、さっきの女性は案内役、秘書みたいなもので、この男性が今日のメインガイドのようです（左ページイラスト）。

手が込んだ登場の仕方をされますね。美人秘書つきガイド、というのもなかなか見ませんから。そして、はじめまして、とか言いながら、あやうく名刺交換しそうになりつつもガイド拝見となります。

今回のメッセージは何ですか？（ちょっとどこかの社長にインタビューしている感じがしてしまいますが）と聞いてみますと、

「事業を起こすには、バランスが必要だ。資金、人員、設備。もし、自分で何かをしようと思ったとき、このバランスがかけていると、すべて上手くいかない。直感で行動するのもいいが、たまにはこうやって分析してみるのも大切なことだよ」

と言っています。言い回しも社長ですね。じゃあ、個人的に何かないですか？　と聞いてみますと、

「今君は何をしたいのかな？　まずは目的を一度整理したほうがいいだろうね。今見えていないところに本当の目的があるのかもしれないから」

ということも。

「人生は私たち（ガイド）の導きだけで成り立つものではない。君たちと協力して初めて人生が組み立てられる。これからも一緒に人生を作っていきましょう」

と言われました。まるでどっかの社長のような言い回しです。人生を会社に置き換えるとまんまで

すからね。

高いところには人の想念が届かず、清浄なエネルギーが満ちています。そこに触れることを行なうといいでしょう、的なことを言われていました。山登りとかそういうものもいいみたいですね。トレッキングなんかいいですね。最後に、

「なんでも体が資本。良い空気と良い水に触れ合う時間を大切にすること」

と言って、去っていかれました。お名前は？　と最後に聞きましたら「ロバート」と言っています。

確かにハーフっぽい人だなあ、とは思いましたが。美人秘書と一緒にどこかに去っていかれました。

経営者っぽい方でしたね。美人秘書、男の憧れですね。

圭　という感じですね。モノリスガイドなどは、宇宙船のようにも思えましたね。UFOでしょうか？

ル　そういうこともありえますね。あなたの認識では、モノリスみたいに見えただけであって。

圭　双子のところは知覚の開いてきていた頃のものですね。まだ見る時間がゆっくり取れていた頃でしょうかね。後半は私も忙しくなって、見る時間が制限されてましたし。

ル　そうやって、ない時間をやりくりする術を学ばせてあげていたのよ。

圭　まあそういうことでいいですけど、そういえば、ギャンブルのガイドの方は面白かったですね。ご本人さんもカードゲームがとても上手だという

　　ようなことが書かれてましたね。それを負かすくらいの腕ですから、ガイドもそうとうなものだと。
ル　このように実際のご本人の趣味に合わせて出てくるガイドはいいですよね。
　　そうね、メッセージも伝わりやすいでしょうから。というか、こういうガイドがいたから、カード
　　ゲームが上手だった、ということもあるのよ。
圭　指導霊みたいな考え方ですか。
ル　そんな感じね。
圭　で、私の場合はルリカさんとかいても何も上達してないような気がしますが。
ル　だって、私何も上手くないもの。
圭　そうですよね。そうだと思いました。
ル　ま、精神的な探求、の面では、ジーラがいたから、というところはあるわよ。
圭　そうなんですね。こういう流れになったのも、ジーラがいたおかげですか。
ジーラ　君の科学的な興味なども私の影響だろうね。
圭　なんだか、ルリカさんよりもジーラのほうが私に影響していたんですね。
ル　何、その言い方。あなたが何に対しても一流になれないのは私の影響かもしれないのよ。
圭　そんな影響嫌です。

高次の存在？

《ガイド拝見／27　高次のガイド》

圭　さて、このあたりから『いかにもガイド！』という方の登場ですね。
ル　つまんないから、ざっとでいいんじゃない？
圭　なんでつまんないんですか？
ル　言うことがまともだから面白みにかけるわよね。
圭　あなたが、ガイドとしては特殊なんでしょう。

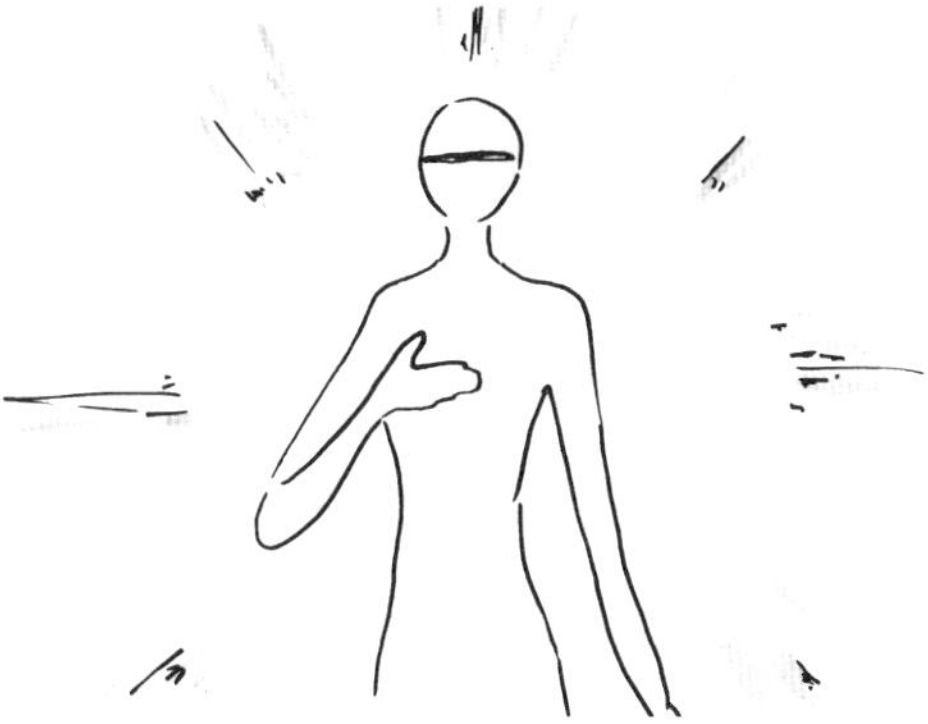

〈光の使者？〉

最初まるの日カフェに行きましたが、今日はルリカさんが現れて、カフェとは違う場所に案内してくれました。フォーカス21にある遺跡のある丘のところですね。私がエランさんとか、彼とかと出会った場所です。そして、ガイドを見てみますと、背後に降臨してきました。ウルトラマンが登場するような感じ？光の空間からにじみ出してくるイメージでしょうか。光の粒子が円筒を作り、そこに現れて来る感じです。見た目は白く光る巨人？　ずいぶん大きめの存在ですね（上イラスト／地球人でないことは確かですね。全体が光っている感じでした）。かなり高次の存在っぽいイメージを受けます。そして、メッセージを伝えてきます。
「子供が笑顔になるようなことをするように」と。
「今進むべき道に迷っているのならば、なぜ自分がそこへ進もうとしているのか、もう一度考えてみると良い。すべて自分で受け入れ、判断した結果であるならば、その道を貫くべきである。迷いがあるのならば、まだ情報を集めること。

自分は迷っていない、と自分にウソをついている場合がある。自分に言い聞かせるだけで納得して周りを見ようとしないのならば、それでは何も成長しない。すべてにオープンになること」

という忠告のようなことを言われました。そして、過去生を見せてくれます。場所は、南北戦争以前のアメリカ。黒人の方を使って農場を運営している白人男性がそうだと言われました。そして、このときの影響が今でも出ることがあると言われます。

「今、やや人を見下すときがないだろうか？　そういう自分の心に気がついたときは、この過去生を解放してあげると良い。人は自分より劣る人間、優れている人間と区分けしたがるが、そのようなものは存在しないのだ。子供は常に自由で平等です。様々な価値基準に縛られる前の子供たちを見ることで、そこから得られるものも多い。そういうことをしてみるのもいいでしょう」

と言われました。他には？　と聞きますと、依頼者の背中に、光の羽をすーっと描き出していきました。オレンジの優しい色をした羽です。

「人それぞれ、みな光の羽を持っているのだから、安心して自分の良い方向へ進むようにしてください。世の中を動かしていく法則は、受容と感謝です。それを忘れないように」

そう言って去ろうとしましたので、名前を聞いたところ、「フュージョン」と答えて去っていきました。これは名前なのでしょうか、私が彼と呼んでいる存在と同じように、その存在を象徴する仮称なのかもしれませんね。

＊＊＊＊＊＊

圭　いかにも、高次の存在っぽいこと言っていますね。この人の立ち位置はどのあたりなんですか？

ル　私たちよりも上ね。だから、フォーカス35あたりまでの範囲にいるんじゃない？

圭　ガイドの存在するフォーカスレベルは、本人のレベルと何か関係あるんですか？

ル　何にもないわよ。たまたま、今回はあなたと話しやすかった存在がこの人たちだったんでしょう。

圭　本人の徳が高いからこういう存在が来たわけではないのですか。

ル　霊性の高い人にはこういう存在が現れやすいけど、それと人間のレベルとに関係はないわよ。でも徳の高いガイド＝高級と思っている人のところには、こういう存在が現れやすいかもね。

圭　ガイドに対する認識次第なんですね。

ル　だって、こういう高次のガイドはみんなについているんですから。その声を感じるかどうかだけよ。

圭　世にいう悪人にも？

ル　悪人の定義にもよるけど、ガイドは現実世界に存在する人々に対して、区別はしません。皆同じようにガイドが存在して、同じように高次のガイドもいます。ただ、その影響を受けるかどうか、それはその人次第ね。

圭　ガイドが導いても、そうなるときはそうなるのですか。

ル　あなた達に話しても理解できないような理屈がそこには存在しているのよ。

圭　じゃあ、ガイドの導きを受けだすと、いい人生歩めるのですか？

ル　あなたは今、どうなの？

圭　そうですね、まあ、いい人生のような気がします。本も出したし、家も建ったし、ヘミシンクつながりで、大勢の方々とつながりも持てましたしね。

ル　ガイドとつながることで、人生がどうなるのか？　それはあなた自身がこれからも体験して、公開していくべきことね。

圭　そう言われると、あまり適当な人生送れませんね。

＊＊＊＊＊＊＊＊＊＊＊＊＊＊＊＊＊＊＊＊＊＊＊＊＊＊＊＊＊＊＊＊＊＊＊＊＊＊

〈日本の神々？〉

見えてきたガイドは、巨大な巨大な人です。見上げても首がフレームアウトしている感じ（左ページイラスト）。そして、名乗った名前が「スサノオ」。

スサノオって、あのスサノオ？　と聞くと、意識体の総称としての名だということ。個体名ではないと言われます。

じゃあ、あなたはスサノオの分霊？　と聞くと、そのさらに分霊だよ。と言われました。孫分霊みたいなものでしょうか？　それでもこんなにでかいのですからね。すごいものです。

なんで、今日はスサノオで？　と聞きますと、イメージを見せてくれました。陰と陽の気が分裂しているので、それを混ぜ合わせるためにやってきたような感じでした。いつもはあまり表立って出てこないようですが、今回は特別だそうです。そして依頼の方が割とバランスがいい人物だとも言っておられます。

そして、捧げ物のイメージが見えたあと、

「我々は陰の気を持つものだ。なので、陽の存在であるガイド、という形で現れるのはめったにないのだが、今回はそのバランスを取るためにやってきた。ガイド、というと、今まで現れたのはどちらかというと陽の気を持った存在ばかりだと思われるが、私のように陰の気を持ったガイドの存在もいる。なので、悪霊のように見えるガイドもたまに存在する。そういうのと会っても、特に危害がなければ、普通に対応するだけでいい。たぶんそういう存在はめったに現れない」

と言われました。じゃあ、今回なんで現れたのですか？　と聞きますと、

「人間、上へ陽へと急に成長すると細く長くなってしまい、自力で存在することが難しくなってきてしまう。そこで、それを防ぐために私たちのような陰の存在がサポートしていく。今回はそういう働きをしている存在がいることを示すためにきた」

と言われました。

「光の世界の存在ばかりでなく、陰の気をもつ存在も同時に働いているので、こちらにも少し意識を向けてほしい」とも。そして、

「人間は光と影の双方のバランスを取りながら生きているので、一度上の光を見た後に影のところを見てもらえるとよいが」

とも言われました。最後に、

「私は今回しか現れない。なので、今度あなたが会うガイドは普通の人間だ」

そう言って、人間のガイドの姿を見せてくれました。山伏、お坊さん、シスター、侍、少女など。次回はこういう中から現れるだろうと言っています。あまり個人的なメッセージなかったですね、と私が聞くと、

「こういうこともある」

と言って去っていかれました。今回のスサノオは、顔がまったく見えなかったです。もやがかかっている感じでもありますし、顔がフレームアウトして見えない場合もあります。やはり、神のような存在は顔を見るといけないのでしょうかね？

〈インドの神々？〉

現れたガイドさんはインドの女神のようです。カーリー（註19）という言葉が聞こえましたが、まさかねぇ、という感じ。インドの女神、カーリーはもっと恐ろしい女神だったと思いますから。それともパールバディのことか？　と思ったりしましたが（左ページイラスト）。

メッセージは？　と聞きますと、

「そこにあるものをしっかりと見てくださいね。そこに今の問題点の解決策が隠されています。世界にはきちんと回答が用意されているものです。ただ、それがあなた達の価値基準に合っているのかないのかの違いだけ。その答えを自分で見つけることが大切ですよ」

と言われます。そして、美しい海と海岸を見せてくれます、南国ですね。

「海は美しい一面もある一方、猛り狂う一面もあります。人の心もそうです。一部の様子だけを見てその人を判断しないようにしてくださいね。人の心は海のように広くて深いのですから。その中から、自分の好きな一面を見て、そこへ意識を集中させるといいのですよ。

現実の世界ではあらゆることが起こっています。その一つひとつに意識を集めるのではなく、楽しいこと、嬉しいこと、自分にとってためになること、そういう豊かに暮らせるものに意識を集中させてください。自分を貶《おとし》めるもの、危険なもの、それらの存在を受け入れてはいても、そこに意識を集中させないでください。すると、自分の周囲から世界が変化していきます。

世界平和は自分の心の平和から、愛にあふれた社会は、自分の心を愛で満たすことから。

そういうことを始めていかれると、きっと良い世の中になりますよ」

と妙に大きなことを言われます。やはり神様だからでしょうか？　最後に、と言って、

「美しい人生は、美しい心から生まれます。美しさは、喜びから生まれます。喜びは、あふれる愛から誕生するのです。美しくなりたい方は、まず愛を身につけることからされるのがいいですね」

と言われて去っていかれました。最後のは美容法のようなものでしょうか？

圭　どう思います？　これ。神様ですよ神様。
ル　だから？　これくらい普通にいるわよ。
圭　世にいう神様とは違うのですか？
ル　ちょっと高次の存在に、そういう役割を人間が与えているだけ。本人はただの高次の存在でしかないのよ。
圭　〝神〟！、という存在ではないのですか？
ル　〝神〟の定義次第ね。あなた達多神教の場合は、このレベルでも神様と呼びますけど、一神教の場合は、世界の根源に存在するものを神と言いますからね。あなた達が遭遇する神というレベルは、たいていこのレベルの存在のことよね。

圭　軽く言っていますけど、これでも十分ハイレベルなんでしょう？

ル　ハイレベルだから何？　そういう存在がガイドにいるからって、何も変わらないのよ。こっちにいる人が変わらない限りはね。誰にでもこういう高次の存在はついているのだから、それを生かす生き方をしないとね。

圭　ガイドっぽいこと言いますね。

ル　私はガイドです！。

* *

〈非言語コミュニケーション系〉

現れたのは光の人。それも非言語交信で行なうタイプの方です。こういう方、ちょっと面倒ですよ。イメージの解釈が必要になりますからね。で、最初にメッセージはなんですか？　と聞きますと、丸い円を5個書いて、梅の模様のように並べました（左ページイラスト）。この5個の丸に何かの意味があるようなのですが、何か心当たりありますかね？　他に言語でメッセージは？　と聞きましたが、やっぱり非言語交信です。

光る人は、いきなりシャンパンを取り出し、栓を抜いて振り回しはじめました。シャンパンファイト（一人）です。どうやら、こういう喜ばしい出来事が近々起こるようですね。

他には？　と聞きますと、朝日の昇ってくるイメージを見せてくれます。これから明るい展望が見えてくるようですね。それがさきのシャンパンにつながるみたいです。そして、小さな鉢植えを見せてくれます。最後に目を見開いて周囲を良く見ること、というメッセージを送って、終了となりました。非言語交信の方のメッセージは、私が見るよりもご本人が会うべきだと思いますよ。

圭　これ、さっぱり分かりません。

ル　本人にしか分からないでしょうね。たまにこういう存在いるからね。わざとメッセージを難解にしている人。

圭　ルリカさんはメッセージの意味、分かるのですか？

ル　5個の円はこられから来るであろう人の縁を暗示しています。そこから、良い兆しが現れるのね。鉢植えの暗示は、これから成長していく上で、自分の環境が狭く感じる時もあるかも、ということかしら。

圭　なんで、最初に教えてくれないんですか。私も分からないので、そのままメッセージ送っちゃいましたよ。

ル　これも流れよ。学びには、その時に知る必要でない情報もあるの。

圭　ガイドっていつもそんな感じなんですね。

ル　ガイドは導きをしますが、転ばぬ先の杖は渡しません。転んだら起き上がるまで待ってはいますけどね。

圭　ガイドにいろいろ期待している人はその言葉聞くとがっかりでしょうね。

ル　勝手に期待するほうが悪いのよ。

妖精・精霊？

《ガイド拝見／28　ファンタジー？　妖精ガイドたち》

圭　さて、ここからはファンタジーな感じ、妖精系のガイド拝見ですね。

ル　いろいろ出てきたわね。

圭　正直、妖精なんて出てくるとは思ってもみませんでした。

ル　あなたが、それだけ浮世離れしているってことよ。

圭　そう言われるとなんだかなあ、ですが。とりあえず紙面の都合上、特に面白いものを載せてみましたがいかがでしょう？

ル　解説するのもどうかと思うものもあるわね。

圭　ま、途中途中で適当に解説入れながら行きましょうか。

＊＊＊＊＊＊＊＊＊＊＊＊＊＊＊＊＊＊＊＊

〈アイスビューティー〉

背後に何人か人影が見えました。そこで、誰か今伝えたいことのある方いませんか？　と声をかけると現れました。それも、氷の精みたいに青い色の妖精？　のような人？　です。氷の結晶から上半身が出ている感じ（左ページイラスト）。人でなくて、自然霊じゃないですか、とその辺にいる誰かに聞くと、そういう場合もあります、と答えてくれました。人間として過ごしたことのない存在のガイド、という例のようです。いろいろありますね。

名前は？　と聞くと、困ったような表情をします。どうやら、名前というものがないみたいです。で、この人（?）はまったくしゃべらず、イメージでやり取りするタイプみたいです。非言語交信ですよ。で、見えてきたのは、デッキのある家に入り、大きなホールを抜けていくと、そこには高い塔が現れました。「タワー」ですね。タロットだとあまり良い意味ないですけど、この場合は？　ちょっと分かりません。でも、あまり良い感じの塔ではないですね。そして、ヨーロッパの町並みを馬車が走るイメージも。何でしょう？

それに、パリのようなイメージも見せてくれます。何でしょう？

ちょっと慣れないと何が言いたいのか分かりにくいですね。でも何度かこういうやり取りをしていると、言いたいことが分かるようになってきました。それによると、数日以内に何かが起こるので、それに気を付けてください、ということでした。災害まではいかないですが、被害が出そうな出来事が身近にありそうなイメージを送ってきました。最後に、何かメッセージは？　と聞くと、

「人を導くときは、自らの基礎をしっかりと持ってから行ないましょう」という感じのイメージを送ってきました。他に「奇跡的なことは、常に今起こっています。その奇跡的なことを点で捉えずに、流れとして全体で捉えるといいです」というイメージも。

最後に去っていくときは、男性と女性のガイドの姿がちらっと見えて、手を振っています。これは、私にこういう非言語の体験をさせるために、お膳立てしてくれたみたいですね。

＊＊＊＊＊

いろいろな方に鍛えられて、ありがたい限りですね。残念ながら、ちゃんと重要なところは見えないようになっています。良く出来ていますね。

圭　妖精って、名前ある人もいれば名前ない人もいるんですか？　私の見たところ、両方とも存在していましたが。

ル　あなた達がイメージしてつけた呼び名を使う存在はいるわよ。でもね、基本的に名前の必要性ないから。

圭　なんで？

ル　妖精は個別に認識する必要ないもの。すべての意識がつながって存在してるようなものだから、互いの認識は名前ではなくて、雰囲気みたいなものになるのよ。ガイドの時も、名前を言ったほうがいい場合は言うし、雰囲気だけを伝えたい場合は言わないし。妖精にとっての名前とは、その程度の価値観なのよ。

圭　なるほど、ちょっと分かりやすい説明で助かりました。

＊＊＊＊＊＊＊＊＊＊＊＊＊＊＊

〈イルカに乗ったガイド〉

見えてきたのは海、それも何かが飛び跳ねています。エイ？　イルカ？

そして、ガイドは？　と探しますと、現れたのはイルカに乗った少年「トリトン（註20）？」と思いましたが、どうやら海の精霊のような存在みたいです（左ページイラスト）。

海の精霊、どうも日本でイメージする海の存在と言うと、「船幽霊」か「うみぼうず」ですが、こ

のようにかわいらしい存在もいるのですね。

あなた誰ですか？　と聞きますと「僕は海生哺乳類の集合意識さ」と妙に明るく難しいことを言います。これはイルカのガイドとかそういう存在なのかもしれませんが。まあ仮にトリトンと呼ばせてもらうことにします。何かメッセージは？　と聞きますと、

「尖っているものは、みんなを傷つけてしまう。もっと角をおとして丸くするといいよね。ころころ転がって、見える世界が広くなってくるよ」

と比喩的なことを言われます。他には？　と聞きますと「だいたい伝えたいことは常に生活の中で伝えているからね。それにだいたいは気がついているみたいだから大丈夫じゃないかな」

と妙にあっさりとした答えをいただきました。ご本人さんは海に関係が深い方なんですか？　と聞いてみると、

「海からのエッセンスを強く受けている人だね。だから、海のエネルギーが体に合うはず。疲れたときは海に来るといいよ」

とも言われていました。そして、トリトンはまたイルカに乗って去っていきました。オリハルコンの剣は持っていませんでしたが。ガイドの視点から見て、あまり問題のない方、もしくは今伝える必要のない方は、意外とあっさりした内容が多いですね。今回は顔みせ程度だったのかもしれません。

圭　ちょっと、これは？　と思いましたね。

ル　あなたには、これくらいの見え方がちょうど良かったんでしょう。

圭　そんなに思考が偏っていますかね？

ル　あなたの場合は、思考が偏るとかでなくて、認識がでたらめなのよ。それも、妙なところで偏っているし。

圭　見え方で何か問題あるんですか？

ル　人に話したら笑われるくらいかしら。

圭　それも微妙ですね。

ル　ま、あなたはこれでいいのよ。堅苦しいのは他の人に任せておけば。

＊＊＊＊＊＊＊＊＊＊＊＊＊＊＊＊＊＊＊＊＊＊＊＊＊＊＊＊＊＊＊＊＊＊＊

〈ウインディ〉

実はこの方、前回ガイドが見えなかった方でして、いったいどういうことだろうか？　と考えていたものです。しかし、よく考えるとそこには風が吹いていた（ヘミシンク世界で風が吹くのは意味がありますからね）ので、どうやら風がガイドだろうということで、もう一度挑戦です。

そこで、まるの日カフェにて、はるんちゃんと「ガイドを逃がすな！」という勢いで急いで依頼者のいるところに向かいました。すると、思ったとおり風の妖精のような存在がいます（左ページイラスト／緑か青っぽい方でした）。

早く捕まえて話をせねば！　と思って素早くエネルギーのネットで周りを取り囲んで動きを封じました。すると、怒ったような顔をして私をにらみます。

そこで、「何か伝えることがあって出てきたんでしょう？」となだめながら話を始めることに。

この方に対するメッセージは？　と聞きますと、目の前に映像を見せてくれます。それも豪華客船

のよう。で、ガイドが言うには、将来これに乗れるくらいになれるのよ、と言って笑っています。お金持ちになれるのか？　それとも乗務員になるのか？　そこまでは分かりませんでしたが。

これは仕事をした結果こうなるのですが？　と聞きますと、「自分が楽しいことをやっていけば、自然とこうなります」と言うことだそうです。で、ちょと質問。仮に、人をいじめるのが楽しいと思う人がいた場合どうなのですか？　と聞いてみますと、「それは問題外」と言われました。「自分が楽しいということは、皆さんが楽しいということですよ。そうなるといいものが寄ってきます」

問題点などはないですか？　と聞きますと、

「少し流されやすいところがあります。根をしっかりと張ってください。上体がいくら流されても根さえしっかりしていれば大丈夫です」

そして人間関係について、

「今は仕事場に苦手そうな方がいても、あまり気にせずに、関係もほどほどにして愛を送っていればいいです」

と言っています。恋人とかの話は？　と聞きますと、

「相手がイライラ気味です。ちょっと気をつけて」と言われましたが？

誕生日、記念日などにちょっとしたプレゼント攻撃で笑顔にしてあげて、というお話も。

そして、「私は風の中にいます。風の声には耳を澄ませてね」

そう言って風の精は去っていかれました。結局お名前聞いていませんね。

〈ライトフラワー〉

光のベールに包まれた、虹色に光る妖精のような存在が現れました。

あなたは誰ですか？　と聞きますと、「フラワー」と答えてくれました。花？　人でないことは確かな感じです。宇宙人？　そういうイメージですね。金色とピンクと虹色のエネルギーを放出しながらたたずむさまは、映画のワンシーンのように美しいものがあります（左ページイラスト）。メッセージはなんですか？　と聞きますと、

「今扉が開かれようとしています。小さな扉ですのでそれを見逃さないようにしてください。未来がそこに見えています」

存在と同じく、メッセージも抽象的ですね。

「見える世界と感じる世界、すべては同じです。等しくどちらにもエネルギーを注いでください。あなたのパートナーはエネルギーを欲しています」

このパートナーの意味合いが彼、彼女、夫、妻、そういう関係のように感じますが。もう少し相手をしてあげてという意味か、エネルギーを注ぐと伴侶が現れるのか。そのどちらかでしょうね。

「私は愛をつかさどる存在。愛のもとに動くとき、私はあなたの手助けをするでしょう。すべてに等しい愛を」

見た目からそんな感じしていましたが、エネルギー的にとても優しい存在です。ふっと吹くと飛んでいきそうなくらい。そして、依頼者を光で包んでいます。

「私の存在は見えなくてもいいのです。それを感じてもらうだけで、力を貸しますよ」

そう言って、そのフラワーガイドさんは去っていかれました。最後に、花のイメージを残していか

れました。黄色い花はお好きでしょうか？
花を家の中に飾るのをお勧めしますよ、菜の花でもスイセンでもいいですね。あまり花言葉には囚われずに、美しいと思ったものを置くのがいいですね。

圭　風の精がガイドの方は、風にしか見えませんでしたから、まったくガイドの存在に気付きませんでしたよ。

ル　風の精ですからね。見えない場合もあります。

圭　後のガイドさんも見えないパターンみたいでしたけど。こういうガイドも意外と多いのでは？

ル　そうね、人間の形として認識されないガイドは結構多いわよ。あなたの場合は、すでに人の形を与えているけど。

圭　そういう存在をガイドだと思えるんですかね？　ふわっと風が吹いているだけ、光が差し込んできているだけで、それがガイドです、って言われても普通は納得しないでしょう。

ル　それを受け入れることも、その人の学びなのよ。

圭　出た、なんでも学び攻撃！。

ル　受け入れるのは愛がなければできないのだから。もっといろいろなことを知りたければ、愛を高めるべくいろいろな事実を受け入れるべきなのよ。見えないガイドとの対話もその人にとって必要な場合もあるの。

圭　私の場合は、最初からいろいろ出てきてましたよね。

ル　あなたは見えなくてもイメージを設定できる人だから。
圭　それって良いんですか？
ル　今ここまで知覚が発達したのは、そのイメージを設定できる思考のおかげでしょう？　ならいいんじゃない。
圭　ざっとしてますね。
ル　良い、悪いは自分で判断してよね。

＊＊＊＊＊＊＊＊＊＊＊＊＊＊＊＊＊＊＊＊＊＊＊＊＊＊＊＊＊＊＊＊＊＊＊＊＊

〈ウォーターメロン？〉

現れたガイド（左ページイラスト）は、長いスイカに目と口と手足がついたような存在。妖精と名乗っています。あまりの変化球に私も唖然としていると、

「一般的な常識で見ようとするからだ。偏見や思い込みをなくして、自分の心で見ろ」

と言われてしまいました。どうやら、ガイドのイメージを固定化した見方で判断するのを戒めるために、現れたのだと言っているようです。で、そのスイカ妖精さんのお名前は「べーベル」と言われました。そもそもあなた何ですか？　と聞いてみますと、植物、農作物を管理する精霊のようなものだそうです。

いろいろな存在がいるものですね。スイカ関係？　と聞いてみると、スイカだけじゃないと言われました。見た目で判断してはいけないようです。で、メッセージを聞きますと、

「固定化されたものの見方を変化させること。常に面白い視点を探して、ものを見る楽しみを見つけること。そして、面白いことも人が言う面白さではなく、自分で感じる面白さであること。ただ、そ

れをしようと思い込むとどつぼにはまるので、要注意」

だそうです。見た目そのものがメッセージのようですね。他には？ と聞きますと、

「健康的に育った作物には、エネルギーがある。人の情報だけでなく、直接そういうものと触れ合って良いエネルギーをもらうこと」

と言われました。産直の物産館などで野菜を見てみるといいかもしれませんね。それとも近所で作物を作るか。さすが、農作物の妖精です。

「植物の種には無限の可能性がこめられている。今のあなたもその種の状態だ。まだまだ花開く要素がたくさんある。もっと自分に栄養を」

と言われて、最後に、

「光は作物を育てるが、光に向かってばかりだと、変な成長の仕方をしてしまう。たまには地面も見ることだよ」

そう言って、弾むように去っていかれました。ちょっとこれまでにないガイドさんですね。大きさはスイカくらいです。見た目も緑色で、まさにスイカです。アンパンマンとかに出てきそうなキャラですね。ちゃんと、他に人間のガイドもいますので安心してください。今回はこのガイドがメッセージを伝えたかったみたいですので。

圭　これは、ベスト3に入る衝撃のガイドでしたね。なんかのキャラクターかと思いました。

ル　あなたは、本当に変わった存在と波長が合うのね。
圭　そういうルリカさんだって、その変わった存在のうちの一人でしょうに。
ル　私みたいな良識のあるガイドはそうそういませんよ。
圭　良識の意味が分かっているんだか。

＊＊

〈グリーンフェアリー〉

まるの日カフェに入ると、ミニチュアダックスのような小型犬が出迎えにきて、依頼者さんのところまで案内してくれました。小型犬はそのあとずっと依頼者さんに抱かれていました。

そして、ガイドを見ようとしたのですがいろいろなイメージが多数現れてきて、はっきりと見えません。ガイドの周りをガイドでない存在が囲んでいる感じですね。

そこで、私のエネルギーツールでガイドでない存在を追い払いますと、中から小さな女の子が現れました。というか、妖精ですね。緑色の服を着ています。小学校低学年くらいの身長ですが、羽が背中にあって、宙に浮かんでいる感じです（左ページイラスト）。

そして、メッセージを聞くと、

「あなたの周囲には念が集まりやすいです。その念によって私たちガイドからのメッセージが届きにくくなっています。できるだけ、人の念の影響を受けないよう自らの芯をかっちりと持ってください。

ガイドの声が聞えにくいときは、自ら聞えにくくしている場合と、このように他人の念が渦巻いているせいで聞えなくなっている場合があります。他人の念に影響を受けやすい方は、そういう影響を受けないよう、常に自分の精神状態を高めに保つよう努力してください。

愛のある波動、つまり、前向き、明るい、楽しい、そういった感情ですね。逆に、ネガティブな感情、怒り、悲しみ、恨みなどを持ち続けると、あまり良くないものが周りに集まりやすくなってきます。

悲しみ、憎しみの感情に囚われた場合は、一時的にその感情に囚われるのは仕方ありませんが、その後それらを解放し、それを元に前向きに考えるようにするのが大切です。

こう考えてみるといいです。ネガティブな感情は、その先にくるポジティブな感情をつかむための足がかりなのだと。そう思うと、ネガティブな感情とも上手く付き合えそうな気がしますね。

いきなりポジティブな感情をつかむ人はまずいません。必ずネガティブな感情を積み重ねて、徐々にポジティブになるのです。

世の中で言われているように、いきなり『人生前向きに！』などと言われても、それは無理な話です。何でも順序というものがあります。時間をかけるのも必要です」

というようなお話をされていました。まあ、妖精の割には言うことがしっかりしていますね。その後は個人的なことをいくつか聞いて、終了という感じですね。ガイドとなかなか接することが出来ない人は、今回のメッセージ参考になったのではないでしょうか？
圭　妖精らしい妖精さんでしたね。

ル　こういう存在だったら、皆さん納得しそうね。

圭　妖精と一言で言っても、いろいろいましたね。スイカから光の花みたいな方まで。

ル　人間とは違う、またエネルギー系の異なる存在だから、ある意味特殊なガイドたちでもあるのよ。

圭　どういうふうに？

ル　まず、人間になったことのない存在。

圭　あ、そういうことですか。

ル　人間を学ぶために、自然に存在する意識体がガイドの姿で現れているようなものよ。

圭　じゃあ、次に人間になるつもりなんですか？

ル　さあ？　勉強したけど、やっぱりやめる存在もいるでしょうね。こんなキツイ仕事いやだぁって。

圭　人間やるのって、キツイんですか？

ル　本人次第でしょう。

圭　さて、ここまでは西洋っぽい妖精たちでしたが、これからはもっと独特なガイドさん見てみましょうか。

妖怪？

＊＊＊＊＊＊＊＊＊＊＊＊＊＊＊＊＊＊＊＊＊＊

《ガイド拝見／29　日本の妖怪？》

〈赤鬼〉

ガイドを拝見しますと、巨大な陰がぬっと現れてきました。高さ五メートルくらいありそうです。なんじゃこりゃ、と思って見ていると、それは赤鬼になりました。

赤鬼？　つい目を疑いましたね。私の見間違いではないかと、その赤鬼の周りをぐるっとまわって後ろからも横からも見てみましたが、赤鬼は赤鬼です。背中にチャックもありませんでした。それも日本昔話に出てくるみたいな、ほのぼのとした感じなのです（上イラスト）。

鬼はどっしりと構えていて、本人の落ち着かない部分を押さえる働きをしていると言います。何かメッセージは？　と聞きますと、

「すべてに平等でいようとする必要はない。波長の合う、合わないはどうしてもある。すべての存在を認めた上で、多少扱いが変わるというのはしょうがないこと。存在を認めるのは平等にしないといけないが、対応まで平等にする必要はない。相手を受け入れていれば問題ない。

地球に存在するものには、すべて意味がある。不必要なものなど何もない」と言われました。その後、爽やかな男性が見えます。その方と出会い、女性が一緒に歩いている様子も見えます。これはなんでしょうか？　何かのイメージ映像みたいです。そして、「私たち、鬼の役割は宝を守っているという存在でもある。なぜ私がこの姿でここにいるのか。その意味合いを良く考えてみるといい」と言われました。これは、本人に、早く会いに来いということでしょうか？　鬼が守っている宝とはなんでしょうね？

という感じで終了です。

〈和風な水の精？〉

はるんちゃんに案内してもらった場所は、海が見えるテラスです。「あれ、まるの日カフェにこんな所あったっけ？」と思いましたが、何でもありのフォーカス世界。まるの日カフェの向こう側には海があるのでしょう。そういえば、以前海賊船もやって来ましたね。

そのテラスに、一人たたずむ依頼者。遠くを見つめて、たそがれな雰囲気です。で、私はその浸っている雰囲気を無視して、話かけてみました。すると、こちらへ注意を向けてくれます。そこで、ガイド拝見です。

最初、羽のある姿やドレス姿の女性、大男、などの影が見えたあとで、最後に登場してきたのは、なんと「カッパ?」。見間違いかと思って何度も見直しましたがカッパです。緑色で皿があります。水かきもあります。くちばしもあります。カッパです（左ページイラスト）。

まあ、西洋風に言えば水にすむ妖精と考えれば、そうおかしいことでもないですが。そして、カッパさんに、なんでカッパなんですか？　と聞いてみますと、「河童は水の眷属《けんぞく》の下っ端のようなものだから。竜神に縁のある人なんだよ」と言われました。

そこで、何かアドバイスは？　と聞きましたら、手に持っていたキュウリ（ベタです）をポキッと折って中を私に見せます。そこに意識がズームインすると、こまかな細胞が一つひとつ活動しているのが見えます。

そして、意識をズームアウトさせると、キュウリに見えます。そこで、カッパさんが、

「物事は、一見単純のように見えて、実際は複雑な内容が詰まっている。逆に、複雑な物事も、視点を変えてみれば単純なことも多い。そうやって、物事をはかる視点を自分でコントロールするようにならないといけない」というような内容のことを言われました。

ガイドはあなただけですか？　とつい聞いてみると、他にも大勢いるが、今日は私がメッセージを伝えたかったのだ、と言われました。

そこで、ついカッパさんに聞いてみました。河童って「尻こ玉」を抜くのですか？　と。

するとと「そんな気持ちの悪い事しないよ。何の楽しみもないし」と言って、「子供が河で遊んでいると、危ないから脅かすことはあるけどね」とも言われました。

雑談はこれくらいで、他にアドバイスはありませんか？　と聞いてみたところ、さっと場面を変えて過去生を見せ始めてくれました。そこで、個人的なメッセージをもらって、最後にガイドさんの言うところでは、今のテーマが現実世界と精神世界のバランスの良い統合、だそうです。そう言って、カッパさんは戻っていかれました。そのまま海に飛び込む感じで。

カッパは海にもいるのか？　と思いましたが、熊本の南部にはカッパが海を泳いで大群で押し寄せてきたというお話もあるくらいですから、海とか川とか問題ないのでしょうね。

今日はこのような感じでした。日本の妖怪（精霊？）が登場しましたね。こういう存在がガイドというのも普通にあるのでしょうか？　今後の課題ですね。

＊＊＊＊＊＊＊＊＊＊＊＊

圭　ついに来ましたよ。妖怪ですよ妖怪。原人の時よりもびっくりですよ。
ル　鬼は和風な大地の精とカッパは水の精と思えばおかしくないわよね。
圭　カッパはキュウリ持ってますよ。
ル　あなたの認識に合わせてくれているのよ。カッパ＝キュウリってね。
圭　ベタですよね、我ながら。
ル　世界は案外ベタなものよ。特に非物質世界で認識することはね。
圭　そういえば、私も過去生見たとき、恋愛ストーリーだったのですが、かなりベタな展開で見てて恥ずかしかったですもんね。
ル　ベタな展開であるがゆえに、認識しやすいのよ。このカッパさんもそう。水＋和風＋精霊＝カッパってね。
圭　妖怪がガイドでいいんですかね？
ル　妖怪ではないわ。水の精よ。
圭　鬼は？
ル　ゴーレムとか、宝の番人。そういう存在の和風版と思えばいいんじゃない？

圭　かなりイメージ違いますけどね。

〈カラス天狗〉

現れたのは長髪の老人のように見えましたが、よくフォーカスしてみると、カラス天狗に見えてきました。カラス天狗？　と思い、見直しましたがそう見えます（上イラスト）。あなたガイド？　とつい聞いてしまいましたら「普通ならば人間タイプのガイドが幾人もいて、驚かせないようにそこから現れるのだが、今回はわしが参上した」と言います。

「なんでカラス天狗なの？」と聞きますと「霊的に優れたものには、自然霊がつく場合もある。その霊の一つの形として、わしらのようなカラス天狗に見える場合がある」だそうです。天狗よりは霊格が低いとも言っています。

「と言うことは、ご本人さんには霊感があるということですか？」と聞くと、

「そうだ。霊感がある、といっても霊の姿が見える場合だけではない。相手の心の中に無意識にアクセスして、そこから情報を得るような存在もいる。一言多くて、人を怒らせるとか、人の痛いところを無意識に言ってしまうとかそういう場合もそうだな。相手が隠そうとする、心の奥をつい見てしまって、つい口に出してしまうからだ。互いに心の中をさらけだせるような、皆がそういう人間ばかりだと問題ないのだが、普通はそういうところを突かれると怒りを覚える人間が多数である。なので、そういう人間たちはあらぬ誤解を受ける場合が多い。な、そうじゃろ？」

と私に振ってきます。この言葉は私に対して言っているようにも聞こえました。心当たりありますので。でも、ガイドに天狗はいませんけどね。で、メッセージはないですか？　と聞きますと、今のところもメッセージの一つではあるが、と前置きして、

「霊的世界の住人は霊的世界で、現実世界の住人は現実世界で、それぞれで生活していくことが基本なので、相手の領域に深く入りすぎるのはバランスが壊れて良くない」

と言われました。その後過去生を見させていただいたのですが、その時に巫女さんだった過去生があったようです。で、ガイドがカラス天狗だけ、というのはあんまりなので他のメンバーにも姿を見せてもらうようにしましたら、痩せ型のポリネシア系の男性、老婆、さっきの巫女さんもガイド（上イラスト）になっているようです。

「それぞれは時期が来たら出会うようになっている」とカラス天狗は言っています。こういう存在とアクセスするのを上達させるにはどうすれば？　と聞きますと、

「今ある価値観で判断せずに、その上をいく価値観を探すこと」

名前は？　と聞くと特に名前はないのだが、と前置きしてから、

「オシキタ山のカラス天狗じゃ」

と言って去っていきました。どこかにオシキタ山というものがあるのでしょうかね？　見ず知らずの人に、いきなり「あなたのガイドはカラス天狗です」と言われると、さすがに驚いてしまいそうですが、ちゃんと他に人間のガイドもいますので、たぶんそちらが普通に接触してくると思います。

なんだか、今回のカイドは特別だったような気がしますね。最近人間よりもそうでないガイドとの接触が多いような気がしますが、気のせいでしょうか？

＊＊＊＊＊

圭　これはねぇ。さすがに言うべきかかなり迷いましたよ。どう見たって妖怪ですから。

ル　妖怪以外には見えないわね。

圭　で、あまりにもがっかりするといけないなあ、と思って、巫女さんのガイドも見ておいたという感じです。

ル　でも、どっちも心当たりあったんでしょう？

圭　それが、コメント返ってきたのを読んで私が驚きました。実際、カラスと縁のある方だったということで。ガイドがカラス天狗ということで依頼してきた方もびっくりされていたみたいですよ。

ル　そういうふうに、ガイドは常にその人の周りに存在感を示しているものなのだけど、なかなか気付いてもらえないのよね。

圭　カラス天狗とは何を表しているものですか？

ル　自然に存在する集合意識体、簡単にいうと自然霊的なものね。人間にならずに、人を側で見守ることを選んでいる存在よ。

圭　一見怖そうですが、どうなんでしょう？

ル　見た目そうでも、実際は妖怪じゃないから。あくまで、あなたの知覚がカラス天狗に見せているだけで。霊的な守護が強力なので、天狗の一族に見えるのでしょうね。こういう強力なガイドがついている人も、稀ですよ。

圭　へぇ、それじゃあ、天狗がついている人もいるんですかね？
ル　あなたに天狗は見えないと思うわよ。
圭　なんで？
ル　そういう人は、あなたに見てもらおうと思わないもの。たぶん自分で見るから。
圭　そういうことですね。

＊＊＊

〈白竜の精？〉

最初に見た方の背後に現れたガイドは、白竜を肩にのせた女の子です（左ページイラスト／きわどい格好ですね。女の子は竜の精みたいなものでしょうか？）。

アレ、黒竜じゃないの？　と聞くと、黒竜もいます。ということで、ガイドに2匹以上の竜がいらっしゃるみたいですね。そして、メッセージは？　と聞きますと、

「今そこにある危機、ではないが、目の前にある小さなものを放っておくと、あとで大変なことになるので、順番に片づけたほうがいい。見える世界は刻一刻と変化していく、見えない世界はゆっくりとした変化が現れてくる。その違いを認識すること」

と言われました。他に健康面とかでは？　と聞きますと、腹を指差して、

「丹田、そのあたりが滞っている。もう少し体の内部にある気の流れに注意したほうがいいかも」

と言われました。竜神がガイドの人は結構いますが、なんで？　と聞きますと、

「自然霊を形として認識したときに、竜神のような姿に見えるのです。エネルギーの流れを竜脈とか言いますね。なので、少し人よりそういう念の力とか、直感とかが強かったりします。本人に自覚が

＊＊＊＊＊＊＊＊＊＊＊＊＊＊＊

あるかどうかは別ですが。それと雨男、雨女になりやすい場合もあったりしますね」

だそうです。なんで竜がガイドにいるのか、なんとなく分かりましたね。特に注意すべきことは？

と最後に聞きますと、

「流れに従うこと。そうすると、竜神に合ったパートナーが現れます」

と言われていました。結婚の予感？　ということでしょうか？

圭　なぜにヌードだったのでしょう？

ル　あなたが溜まっていたからじゃないの？

圭　すぐ下ネタ言おうとする。ここでは禁止ですよ。

ル　何よ、人のガイド見て処理できるんなら安上がりでいいじゃないの。

圭　下禁止！　それに、人のガイド見て欲情するわけないでしょう。こっちは必死でメッセージ聞こうと努力しているんですから。

ル　なんでも、その姿に意味があるのよ。裸の意味を考えてみることね。でも、単に溜まっていただけかも。

圭　だいたい、非物質世界のガイドに欲情したらおかしいでしょう。

ル　どうかしら、自分のガイドと性的なつながりを行なう人もいるから別に悪い事じゃないのよ。エネルギーを交換する一つの形と思えば、それほど不純な感じしないでしょう？　あなた達の価値観は、自然の営みの中では異常なものもあるのよ。

圭　では、今後ガイドから誘われたら、それに従ってもいいということですか？

ル　そうよ。

圭　なんか複雑。

ル　あなたの価値観ならね。じゃあ、その価値観をここで崩してみる？

圭　どうやって？

ル　私の相手させてあげようか。

圭　遠慮します。自分が犯罪しているような感じになりますから。それに、そんなヒマないですよ。

ル　まあ、失礼な。こんな美少女を前にして。

圭　少女だから問題なんです！。

宇宙人？

《ガイド拝見／30　宇宙人系》

圭　ここからは宇宙人系ですが、なんとなく偏った方々が多い気がしますね。

ル　あなたとアクセスしやすいのが、あの方々なんでしょう。

圭　しかし、ガイド拝見するまで、あのヒーローは完全に空想ものだと思っていたのですけどね。

ジーラ　映画、アニメ、漫画、そのインスピレーションは同じところから来ていたりするからね。

〈ウルトラマン風？〉

さてガイドは、と思って見ていると、横の地面から光の粒子がリング状に上がってきました。そして、その中に、まるでウルトラマン（註21）のような人物が登場しました。「これは、初宇宙人系？」と思って見ていますと、その方は赤と銀のピッタリとした服を着た、マグマ大使（註22）のような姿になりました（上イラスト）。特撮ヒーローもの。

「あなたは誰ですか？」と聞きますと、「君たちの星に縁のある者だよ。素性はおいおい分かってくると思うから、ここでは話さないことにしよう」と言われました。どこかの星の人でしょうか？

お名前は？　と聞くと「仮にグランテと呼んでもらおうか」と言われました。

「なんでこっち（地球）に来ているんですか？」と私が聞くと、

「この人のガイドをするためさ。ガイド＝地球人と考えてもらっては困る」

そこで、私が「他の方にも宇宙人がガイドっていう場合あるんですか？」と尋ねると、

「宇宙人という表現がどうか分からないが、他の星に存在する意識体がガイドとしてついている場合はある」だそうです。そういえば、私にもジーラがいましたね。何かメッセージは？　と聞くと、

「エナジーフードに接しておきなさい」と言われます。ゲートウェイのやつだと思うのですが。そして、なぜかホームパーティーの様子が見えます。後片付けが大変な様子です。何かの比喩でしょうか？

他には？　と聞きますと長袖のシャツを綺麗にたたんでいるイメージも見えました。グランテさん、言葉よりもイメージを送る人のようですね。メッセージは？　と聞きますと、

「特に心配するようなことはないな。私は常にコンタクトを取っている。たまには、内面の声も聞いて欲しい」

と言われて、「お母さんをこれからも大切にして欲しい」ということも言われていました。ガイドの姿を見ても引かないでくださいね。


〈女性ウルトラマン風？〉


ガイド拝見、今日はお客様のガイドを拝見しました。

最初に見えたのは、でっかいタマゴ。なんだこれ？　と思って見ていると、それがパッカリと割れて、『じゃーん！』という感じで女の人が現れました。それも、赤と銀のぴったりとした服を着た人（左ページイラスト）。

こういう服装の方が先ほども登場しましたが、たぶん同じ星の人のようです。どうやら、ウルトラマンルックなガイドの存在は普通にいるみたいですね。森田健さんの本でも、超能力を使う女性がウルトラマンのような存在に追いかけられたという話書いてありましたしね。そして、メッセージとしては、

「今日から新しく何かが始まります。その心構えをしっかりとしてください」

と言ったあと、「これから高いところに飛び立つためにも、足場をしっかりと固める必要があります。それは小さくてもいいですので、しっかりとした足場が必要になります」

というようなことを言われました。タマゴから出てきたのは、こういう訳だったのですね。すでに現れ方にメッセージが込められていたみたいです。

圭　この2件、どう思います？　どう見ても、このカラーリングはウルトラマンですよ。

ル　そうね、こういう惑星の人いるみたいね。ジーラはどこの人か分かるの？

ジ　私は他の星の存在までは分からないが、この色自体に意味があるようだ。

ル　どんな？

ジ　エネルギーを操る色合いだよ。

圭　あれは皮膚じゃないんですか？

ジ　エネルギーの流れを自らの表面に転写しているのだ。

圭　で、結局なんのエネルギーなんです？

ジ　宇宙に基本的に存在している陽と陰のエネルギーだよ。
圭　それが赤と銀なんですか？
ジ　君たちが認識しやすい色としてはね。
圭　あの色にも意味があったとは思いませんでした。
ジ　すべてに意味があるのだよ。
ル　宇宙人の話になると、ジーラよくしゃべるわね。
ジ　このあたりくらいしか、しゃべるところなさそうなんでね。
圭　やっとジーラのいる意味がきましたね。

＊＊＊＊＊＊＊＊＊＊＊＊＊＊＊＊＊＊＊＊＊＊＊＊＊＊＊＊＊＊＊＊＊＊

〈女性宇宙人〉

ガイドを見させていただきました。すると、壁画に、ある白い巨人が見えてきて、一瞬、さきほどのウルトラマン風のガイドが見えました。そして、最後に意識が集中して見えてきたのが、目の大きな髪の長い女性です。ＳＦっぽい襟の大きなピッタリとした服を着ています（左ページイラスト／黒目のところが大きい感じでした）。

おや、この雰囲気どこかで見たことがあるなあ、と思っていましたら、私のガイド、ジーラと格好が同じです。それに雰囲気もちょっと似た感じがします。そういえば、ジーラは宇宙人でしたので、この方も同じ出身なのかもしれませんね。

最初にいきなりたくさんの財布が積み上がった映像が見えてきました。財布を大量にお持ちなのか、お金とかの比喩なのか？　何かのイメージのようです。財布は全部空っぽみたいでしたが。メッ

＊＊＊＊＊＊＊＊＊＊＊＊＊＊＊＊＊＊＊＊＊＊＊＊＊＊＊＊

セージは何かないですか？　と聞きますと、
「進むべき道は、常に指し示しています。それを信じて行かれてください」
とあっさりとした感じでした。他に、なぜか太陽系の姿を見せてきました。惑星がグランドクロス（といっても、天文学上のざっとしたほうです）になったときに地球に隕石が落ちるようなイメージを見せてくれましたが。これは何かの比喩か予言か？　一つの未来の姿ということでしょうか？　そして、過去生をいきなり見せてくれました。

大きな神社の巫女であった過去です。出雲大社？　のような古くて立派なところですね。かなりまわりの人から慕われているようで、子供や老人などと楽しげに話している様子が見えています。時代はかなり古い感じ。貴族とかがいるような時代でしょうか？

そして、ある日神託を降ろしたとき、身分の高い依頼者が憤慨して、殺されるようなことになったようです。それが今でも残っていて、人に対する感情に影響している場合があるという話をされました。そこで、その巫女さんをレトリーバルしてみました。

ガイドの女性は、私にこれをやらせるために過去生を見せてくれたようです。今に影響するものとして一回レトリーバルしたからといって、何かが劇的に変化するとは思えませんが、何かいい影響があるといいですね。そして、最後にメッセージとして、
「過去生もそれはキッカケにすぎない。そこから何を学び、気付きを得るかは本人次第です」

と言われて、続けて、「今やるべきことをやっている限り、援助は必ずやってくるので心配しなくていいですよ」と言われました。そして、去っていこうとしたので、お名前は？　と聞きますと、「フィン」という音が聞えました。これがお名前でしょうか？

と以上のような感じです。ジーラと同じ星の出身かもしれませんね、この方。なぜかイメージ上でジーラとこの方が並んでいる姿が見えましたので。そういえば、ジーラはどこの出身なんでしょうね？　聞いたことないような気が？

＊＊＊＊＊＊＊＊＊＊＊＊＊＊＊＊＊＊＊＊＊

ジ　これは、私と同じ出身だよ。
圭　ジーラってそもそもどこの出身なの？
ジ　君と同じさ。
圭　って？　熊本？
ジ　……シリウスだよ。
圭　ああ、なるほど。でも、シリウスはあの丸くてぽわぽわした存在しかいないんじゃないの？
ジ　人の意識レベルの存在はちゃんといる。それが、ガイドとして地球人についているのだ。
圭　基本的に、なんでこんな遠いところまで来てガイドなんかしてるの？
ジ　君たちと意識的には近いからだよ。非物質世界に近いも遠いもない。時間も関係ないのだから。
圭　そのあたりの話、今すると長くなりますか？
ジ　長くなるな。

圭　じゃあ、別の機会に聞きたいと思います。今回はガイドの話メインですからね。
ジ　君が忘れないならな。

＊＊＊＊＊＊＊＊＊＊＊＊＊＊＊＊＊＊＊＊

〈プレアデス系？〉

現れたのは、ショートカットの女性、しかもアニメチックな雰囲気です。

あなたがガイドですか？　と聞きますと、実際は他の星の存在なので、この姿は仮ですけど、というようなことを言われました。

どこから来ました？　と聞きますと、「プレアデス関係よ」と答えてくれました。別の星の意識体のようです。

本来、固定した姿はないのですが、認識しやすいように今回はこういう姿をとってみました、と言われています（上イラスト／アニメキャラみたいな感じです）。

お名前は？　と聞きますと、フォーンという音が聞こえてきました。たぶん、音に意味があるのだと思いますが、仮に「フォーンさん」と呼ぶことにします。

『浮世の御霊鎮めたまえ』

という文言が浮かんだあと、

「今回は霊的な安定を行なうために、今ここに存在しています。様々な、興味のあることを学んでいってください。何を学ぶべきか、それはあなたの魂にすでに刻まれていることです。その声に耳を澄ませてください」

ということを言われました。そして今必要な情報は？　と聞きますと、ダビデの星、六亡星が見えてきました。そこからはイメージです。

ある人物がその星型を地面に刻みつけ、どこかの神殿の中央で何かを行ないました。すると、そこに光の巨人が現れました。まるで召還魔法のようです。そして、そこでメッセージを受け取っています。これは、ある過去での出来事を見せてくれたのだとか。過去生ですね。どこか、高度な文明を築いていた場所での記憶のようです。

「これは大げさですけど、心の中に同じような場所を作り自らのガイドを呼ぶことはできます。まずは、それを行なってみてください」

と言われました。個人的なことを聞いたあと、

「あなたの周りには同じような意識の方が集まっているかもしれません。できれば、他の意識を持った方々との接触も意識して行なったほうが、世界が広がって良いと思いますよ」

そう言って、フォーンさんは去っていかれました。

今回のガイドの姿は仮ですので、実際は光の塊にしか見えないかもしれません。それか、すでにお会いしているのかも？

他の星からのガイドは何人かいましたが、プレアデス人と名乗った方は初めてでしたね。

＊＊＊＊＊＊＊＊＊＊＊＊＊＊＊＊＊＊＊＊＊＊＊＊＊＊＊＊＊＊＊＊＊＊＊＊＊

圭　かなりアニメチックでしたけどね。
ジ　君の認識のクセみたいなものだな。姿を当てはめるパターンのときは、アニメ系になるのは。
圭　これって、特定の宗教とか思想とか持ってないからですか？
ジ　それもある。最近の人々はメディアで様々な思想や哲学を学ぶ場合が多い。君の場合は、漫画、ア

圭　ニメから哲学を学んだのだろう。
　まあ、確かに、良いこと言っているアニメやらは多いですからね。でも、これは積極的になったわけではなくて、兄がその手の趣味人だったからその影響ですし。
ジ　そういう家庭に生まれたのは縁だ。こうなることが決まっていたようなものだ。
圭　アニメキャラでガイド見ることが？
ジ　ある意味、アニメ、漫画、ゲームというのは、現代の宗教的な側面も持っている。なので、そういう見え方をする人間が現れても問題ない。
圭　なんか、この本読んでがっくりしている人がいるんじゃないかと心配です。ガイドとの対話は軽いし、まじめな話しはあまりないし。
ジ　ルリカのせいだろう？　それは。
ル　なんですって！。
圭　まあまあ、ガイド同士で喧嘩しないで。
ル　何よ偉そうに。そういうことは私たちと同列になってから言いなさい。
圭　同列って、死んだあとってことですか。
ル　そうよ。
圭　そりゃまた先の話で。

＊＊＊＊＊

〈ヒーローサターン〉

背後に現れたのは「ガイバー（註23）」みたいな存在。ちょっと特撮ものっぽい感じがします。見間

違いかとも思いましたが、いるので話しかけてみますと（上イラスト／本当はもっとカッコいい）、

「察しのとおり、私は君たちから見ると別の惑星人だ」と答えてくれまして、「土星人だよ」とかなりショッキングなことをヒーロー調の言い回しで言ってきます。指なんか立てたりして。惑星意識の分体みたいなものだけど、ということも付け加えてくれました。土星に住んでいる人、というわけではなくて非物質的に存在しているモノ、のようですね。

で、土星ヒーローさんになんでここに現れたのですか？　と聞いてみますと、

「土星の意識に強い影響を受けている人物だからだよ。そういう各惑星からの影響を受けている人には、それぞれに惑星意識体の分体のようなものがついている」

と言われました。じゃあ私にもいるんですか？　と聞くと、そうだとうなずいて後ろを指差します。はっと振り返ると、そこには髪の長い男性がいます。イメージは、仮面ライダーアギト（註24）に出てきた敵のボスみたいな人、いつもソフトフォーカスがかかっていたあの人ですかね。

で、どこの方ですか？　と聞くと、木星だと言います。木星人、かなりイメージ違いますが、と考えていると、「木星『人』ではない」と注意されました。いつの間にか、こうやって各惑星の影響を私たちは受けてるみたいですね。で、同じガス惑星なのに、見た目がこうも違うのはなぜ？　と聞くと、変身できるから、ということを言います。まるっきり仮面ライダーの世界ですね。私のほうはどうでもいいので、そのまま放っといて、土星ヒーローさんのメッセージを聞きます。

洋風の山小屋風な家を見せてくれます。扉からは若い女性が現れて手を振っています。これは将来的なビジョンのようですね。何か心当たりがあれば、ちょっと覚えていただくといいですね。

そして、土星ヒーローさんは依頼者の隣にきて、

「もっとハートを開こう。そして、人のためになるボランティアなどをやるのがいい。充実感のある生活を送るには、自分の心の安らぎが重要だ。人の役に立つ実感。それが一番得るものが多いだろう。できる範囲から進めていけば問題ない。無理にいきなり高いレベルではじめようとすると、それがプレッシャーになって逆に不満がでてしまうから」

と言っていました。他にはざっと過去生を見せてくれまして、最後に個人的なことをお伝えしています。そして、土星ヒーローさんは颯爽と去っていかれました。こういうガイドもいるんですね。

「ヒーローサターン」なんとなく、そんな名前が浮かびましたが。

私も地球の意識体のメンバーである「アースマン（註25）」と交友がありますが、ここまでヒーローっぽくないですね、頭にターバン巻いていますから。ひょっとしてアースマンはレインボーマン（註26）？

＊＊＊＊＊＊＊＊＊＊＊＊＊＊＊＊＊＊＊＊＊＊＊＊＊＊＊＊＊＊＊＊＊＊＊＊＊＊＊

圭　これはいかがなものでしょう。土星に人いるんですか？

ル　人じゃないわ、意識体ね。

圭　でも、これって、まるっきり何かの変身ヒーローですよ。それか怪人？

ジ　君の認識がそう見せるのだろう。

圭　またそれですか。

ジ　超人的な能力、非人間型、人類の味方、緑色、そういう要素を総合して、君が一番認識しやすい形

で現れているだけだ。

圭　そういえば、このガイドのついている方は、他の人からは緑色の人がいるって言われたことあるようです。

ジ　人によって、それぞれ認識が変化しやすいのが、他の星の意識体なんだよ。基本的に正式な形がない存在もいるのだから。

圭　でも、グレイとかそういういかにも宇宙人な姿で登場する人もいますよね。

ジ　あれも、宇宙人の姿があれだと思い込んでいるとそう見える。

圭　じゃあ、今回の私が見た宇宙人系のガイドさんたちも、全部グレイ系に見える人もいるわけですか。

ジ　多少目の大きさ、肌の色は違うかもしれないが。

圭　どっちがいいんでしょうね？　ガイドの見え方としては。

ジ　見え方にこだわる必要はない。どのような姿にでも見えるのだから。何のメッセージを伝えにきているのか、そこをしっかりと受け取ることだ。

圭　私がこのように『いいの、これ？』的な見え方してても問題ないですか。

ジ　それが君の特徴だ。

圭　そう言われると、まあ、少しは気が楽になりますが。

古代大陸？

《ガイド拝見／31　伝説上の大陸系》

圭　さて、ここからは有名な、あの大陸からのガイドさんをご紹介です。意外と、私の見たところ少なかったですね。１００人以上見て、２人ですから。
ル　あなたがこの大陸系をあまり信じてないからよ。
圭　ガイドを見る側の意識が見えるガイドを制限するのですね。
ル　後半、やっとあなたの認識が広がってきたから、こういう方々が見え始めてきたのよ。
圭　そりゃあ、カラス天狗とか見たら考え方変わりますって。

＊＊＊＊＊＊＊＊＊＊＊＊＊＊＊＊＊＊＊＊＊＊＊＊＊＊＊＊＊

〈アトランティス人？〉

はるんちゃんに案内されると、依頼の方、なぜかカフェの木の上にいましたので、降りてきていただきましてガイド拝見です。意外とアクティブな方ですね。よく見ると、何かの小動物が肩に乗っています。まさか、これがガイド？　とか思ってよく見ようとすると、

「さすがにそれはガイドではないよ」

と言いながら、背後から一人の人物が現れました（次ページイラスト）。そして、自分はアトランティス系だと言われます。

ついに来ました、アトランティスです。エドガーケーシーの本でもおなじみのアトランティス。今

までなんで出てこないのかなあ、と思っていたところでした。

じゃあ、あの大陸の話は本当？　とつい聞いてみますと、「何百年も意識が向けられていれば、それはそこに存在しているのと同じになる。ここではその話をするために出てきたのではないよ」

と言われてしまいました。初めてのアトランティス系の方ですから聞きたいことは山ほどありますが、今日はガイド拝見なので、その興味は置いといて普通にメッセージを聞くことにしました。

「心に響くものを集めるのはいいが、その活用がなっていないようだ。もっと情報でもモノでも集めるときにその使用目的も考えたほうがいいだろう」

というようなことを言われました。漠然としていますね。

「水でも何でも、高いところから落ちてくる。人間もそう。意識を高く保っていても、あるキッカケで一気に落ちてしまうことがある。その時に、元の山に戻るのではなく、落ちた勢いを利用して別の山に上がればいいだけの話。人生、失敗しても次があるから面白い」

というような話しもされます。

「世の中には完成された人など存在しない。それに向かって努力している人ばかりだ。だから、常に目標と努力を怠らないように」

と最後に言われて、何やら不思議な乗り物に乗って去っていかれました。個人的にいろいろ話しをしたかったですね。アトランティスの存在に対して私はかなり懐疑的ですので、そのあたりを伺いたかったです。まあ、人様のガイドですから独占するわけにもいきませんしね。

今回、私が「アトランティスの人は普通じゃないこと言うんじゃないか?」と期待してガン見していたせいか、「そんなに見られると話しにくいじゃないか」と言われてしまいました。そういえば、名前聞いていませんでしたね。なんか「いかにも」な格好と冠状のかぶりもので、アニメで見たような気がするキャラですね。

〈レムリア人?〉

現れたのは、ピッタリとした服を着た髪の長い男性。肌の色が赤っぽく、ネイティブアメリカンのような感じもします。そして、「私はレムリア人」と言いました。え? と思い3回聞きなおしましたが、同じことを言います。

私は、正直レムリアとかアトランティスとかは精神世界の話で、実際はいかがなものか? と思っていましたので、まさかガイドにそういう人が現れるとは思ってもみませんでした。まあ、会ってしまったものは仕様がないので、その言葉を信じることにします。背は高く、2メートル以上ありそうですが(上イラスト)。名前は? と聞きますと、「日本語では『見送る』という意味になる」と言われました。つまり、見送る、という名前を持った存在のグループがいて、その中の一人だそうです。ちなみに、『出迎える』とか『導く』とかそういうふうなグループがあるそうです。ちょっと興味がある話ですが、今日はガイドからのメッセージを聞くという目的がありますので、レムリアの人の話はまた次回にでも。

個人の名は「サチ」だそうです。見送る、というのが苗字みたいなもんでしょうか？　メッセージは？　と聞きますと、

「空を見れば見るほど、自らの内面の奥深さに気がつくようになります。そして、宇宙は我が内にあるということを心がけておいてください。外にあるものは内にもあります」

という、ちょっと比喩のようなことを言われたあと、

「近々、星の門が形成されます。そこから来るエネルギーをどう活用するかが、今後の地球人の問題となるでしょう」

と、全体的なメッセージを送ってきました。この意味がよく分かりませんが、理解できる方もいらっしゃるのでしょうね。もっと個人的には？　と聞きますと、

「世の中はすべてつながっているということを心がけてください。自分の視界に入る物は、すべて自分のエネルギーとつながっている物です。その距離などはまったく関係ありません。すべてはエネルギー的につながっています。もっと目に見える物に対して、エネルギー交換、つまり『関心』をもってください。

そこにあるものに関心を持つとき、注意を向けるときに、その物とのエネルギー交換が始まります。人、物、全部同じです。関心をすべてに対して持つことはとても大切なことです。

一方、すべてに無関心になったとき、エネルギーの交換が不可能となってしまい、その人物は萎縮し、枯れ果ててしまいます。身近な所から、遠い所まで、関心の輪を広げていきましょう。好奇心の多い人がいつまでも元気なのはそういうわけです。多くのものとの関係をつないでいくからです。

関心を持ったからといって、そのものとの関係を深めないといけないわけではありません。ただ、

それを認識し受け入れるだけです。そこから関係を深めるかどうかは、ご本人次第です。さらにエネルギーの交換をしたくなるのか、したくなくなるのか。それはご自分で判断してください」

とちょっと面倒な言い回しをしていますが、要は、好きか嫌いか、そういうことですね。嫌いな物の存在も受け入れて、好きな物はもっと受け入れて、ということでしょうか。

そして、テーブル上に、クリスタルの円錐を取り出してきました。

「人の意識は円錐のようなものです。点より始まり、次第に広がっていきます。自ら決めた時点で切断しない限り、この底辺の円（縁）は大きくなっていきます。生きている間に、できるだけ底辺の円（縁）を大きくしてください。

よく思考を行なう人は、問題点があったとしてもそれは問題にはなりません。自ら解決する道を探し出すでしょうから」

というような内容のことを話されていました。レムリア人だからなのか、あまり個人的なことに触れていないですね。全体的なメッセージを伝えに出てきたような感じがしました。今度時間があるときに、レムリアについて調べてみる必要がありそうですね。

私はアトランティスとかそういうのは、ある種の囚われ領域なのかと思っていましたので。

＊＊

圭　ムー大陸系は出てきませんでしたね。
ル　今まで見てきた人の中にもいたのよ、ムー大陸系のガイドさん。
圭　え、誰ですか？
ル　神主風のガイドがいた人。

圭　って、この本に載ってない人じゃないですか。

ル　それにいたとしても、その時は神主さんが出てきたのだから、どっちにしろ会えなかったわよ。

圭　うーむ、惜しいことをした。

ル　ま、これからもガイドを見ていけば、いずれ会えるかもよ。

圭　気の長い話ですね。

ル　いずれ、向こうの世界に行って見ればいいじゃない。その大陸系の場所に。

圭　時間があったら行ってみますね。

ル　その程度の興味しか持っていないから、向こうも出てきにくいのよ。

圭　そんなもんなんですか。

ル　なんでも、自分の意識を明確にすれば会えるのよ。

圭　まあ、いいです。会ってもそんなに聞きたいことないし。

ル　そんな考え方だと、永遠に会えないわね。

特殊な見え方のガイド

《ガイド拝見／32　特殊系》

圭　ちょっとここでは、『ガイド？』というような、特殊な見え方をした方を見てみましょうか。

ル　ガイドのメッセージは、言葉だけではなく、見える姿、見え方、登場の仕方、すべてに意味があるものですから。特殊な見え方をしたのならばその意味を考えないとね。

圭　分かりやすいのと分かりにくいの、いろいろありますよね。

ル　そこを解読して伝えるのが、あなたの仕事でしょう。見る側も、伝える責任があるのよ。

圭　そうですよね。見る側にも責任出てきますよね。

ル　それも学び、何でも学びよ。

＊＊＊＊＊＊＊＊＊＊＊＊＊＊＊＊＊＊＊＊＊＊＊＊

〈囚われ少女〉

珍しく、はるんちゃんが怒っています。

「はやくあの人どけてくださいぃ。じゃまですぅ」

と言いながら案内してくれた先にいたのは、巨大な山みたいな存在。しかも、何かをひたすら食べています。さすがに、「これはガイドじゃあないだろう」と私も思ったくらいです。で、ハートから物を見るように切り替えて、その本質を見抜こうとしました。

するとやはりガイドはガイドです。ただ、周りに肉のガードが存在して、内部のガイド意識にアクセスしにくくなっている感じがします。ガイドの声が聞こえてきました。

「自分の中にある様々な欲を見て、それを感じてください。私の声が聞こえていますか？　私たちは常にあなたの周りにいます。この肉のガードを解放するように、意識を内面に向けてください」

どうやら、現実世界のしがらみというか、そこからくる影響を表現した姿が、この肉の山のようです。で、どうやればここからあなたを出すことができるのですか？　と聞いてみますと、

「自分の声に正直になってください。何も人に対して偽る必要はありません。ハートを開いて、受け入れて、そして解放してください」

この姿だと、正直あんまりなので、一度姿を見せてもらっていいですかね？　と私が言うと、「あなたのハートで見るのです」と言われました。イメージしてみますと、小さな女の子が中にいました（右イラスト）。ガイドの純粋なエネルギーを表現した存在でしょうか？　そして、今回はそこで終了となりました。ガイドと会う準備がまだ整っていない、という感じがしましたね。

＊＊＊＊＊＊＊＊＊＊＊＊＊＊＊＊＊＊＊＊＊＊＊

常に周りにガイドは存在しています。今回はわざと姿を現さない、ちょっとしたショック療法だったのかもしれませんね。ちなみに、ちゃんとした方も何人かお見かけしましたが、今回はノーコメントだそうです。

圭　これって、どう見てもガイドじゃないですよね。ジャバ・ザ・ハット（註27）思い出しました。

ル　ガイドの一つの姿、と思ってもらえればいいわよ。
圭　欲がどうとか、って言っていますね。
ル　本来のガイドは中にいるかわいらしい少女なのだけど、その周りを取り囲む欲のエネルギーが、ガイドとの接触を妨害している。そんな感じかしら。
圭　前に妖精さんのところにも似たようなものありましたね。
ル　ガイドと会うには、あなた方の生き方なんかも影響してくるってことよ。
圭　でも他にガイドはたくさんいるんでしょう？　一人くらいそういう手助けしてくれる存在はいないのですか？
ル　いるわよ。当たり前じゃない。だから、あなたにこの存在が見えているのでしょう？　誰も手助けしてくれなかったら、人のガイドなんか見えないわよ。
圭　でも、その人たちはこの囚われガイドを解放しようとかしないのですか？
ル　それをやるのはご本人の学びです。それをガイドがやったら、夏休みの宿題を親がやってあげているようなものです。本人にとってなんの役にも立ちません。
圭　でも手助けはしてくれるのですか。
ル　そうよ。
圭　なんか、微妙な距離感ですね。
ル　あなた方を影で支えるガイドたちは、いつもこんな感じなのよ。
圭　ぜんぜん、影で働いていないガイドが言っても説得力ないですね。

天使系

《ガイド拝見／33　天使系》

圭　さて、このイラスト（左ページ／右）は、初めて他の人のガイドで天使風の方が現れた時のものですね。『ガイドに天使っているんだ』と初めて思ったものでした。メッセージというよりは、鍵をご本人に手渡しに来たみたいでしたね。

ル　いかにも天使な姿のガイドね。

圭　漫画に出てきそうなキャラですよね。

ル　ま、あなたの知覚はこういう感じだから仕方ないのかな。

圭　そういう私の知覚で見た天使系のガイドをこれから見ていきましょうか。

ル　かなり偏っていそうよね。

圭　だいたい、私はキリスト教にさほど興味があるわけでもないので、天使が出てくるとは正直思っていませんでした。

ル　あなたの過去生はかなりキリスト教に関係しているのだけどね。

圭　そんなにありました？

ル　ふふふっそれは自分で調べることね。

圭　思わせぶりですね。

ル　そこに、私との関係が出てくるかもしれないから。

圭　え、本当ですか？
ル　かも、ね。
圭　思わせぶりですねぇ。

〈二人天使〉

毎回、バラエティーにとんだキャラばかりなので、見ていて楽しいですね。自分の想像だったらもうネタつきていそうですから、やはり何かを見ているんでしょうね。

最初の依頼者はミクシィからのご応募ですね。で、その後ろに現れたのは、2人の男の天使です。髪の長いほうと、短いほう（上イラスト左）。髪の長いほうが前に出てきて、メッセージを送ってくれるようです。

なんで天使なんですか？　と聞くと、「そのほうが受け入れられやすいからだ」と答えてくれました。名前は「スター」だそうです。

なぜ2人で？　と聞きますと、「人間は、みな多数の面を持っている。ガイド自体は、そういうものを象徴している場合もある。2人なのは、表裏一体、二面性の表現なのだよ。私たちの姿自体にその意味がある」と言われます。何かメッセージは？　と聞きますと、路線バスに老人が乗ってきて、老人に席を譲るイメージが見えてきました。

「自らがやろうと思ったときは、周りの人の目など気にならなくなる。目の前にあるものを見ることが大切。人の目、周囲の目と言うのはしょせん、人の目でしかない。それぞれの価値判断で見ているにすぎない。どれも正しい訳ではないし、どれもウソという訳でもない。周りと協調するくらいに人の目を気にすることは必要だが、それ自体が目的になるといけない。

手の怪我に注意。

学びというのは、一見理不尽なタイミングで来る場合が多い。なぜ理不尽と感じるのか、なぜ違和感を感じるのか？　それは、今自分のレベルが上がるタイミングだからだ。逆に、下がる場合も同じような感覚を味わう。そういうときに反発する感情が生まれる。なので、ある出来事に対して、強い感情が生まれたとき、なんでそういうことが起こったのか？　それをあとで見ることも大切です」

そこで、最後に去っていこうとしたので私が質問をしました。

「その背中の羽は何のために付いているのですか？」

すると、笑いながら、

「まあ、天使だからね。羽がないとイメージが悪いだろう」と言われました。なんだか、私に対してのメッセージにも聞えてしまいますね。

〈4枚羽の天使〉

現れたガイドは、天使です。しかも4枚くらい羽があります。2枚の大きな羽で前を隠している感じ。少年のような顔つきです（左ページイラスト）。名前は？　と聞きますと、音楽のような、リーンという音が聞えてきました。なので、仮に「リーンさん」とお呼びします。

何かメッセージは？　と聞きますと、川の流れを指差します。美しい小川です。これは、人生とは小さな流れのようであっても、美しく清らかであればそれでいいではないか、というメッセージのようです。

どうやら、このリーンさん、イメージと映像の非言語交信を多用してきます。なので、メッセージはそのイメージを翻訳したものだということをご理解ください。

そして、メッセージを送ってきます。見えたのは花を育て、実を収穫するイメージ。どうやら、今まで行なってきたことに結果が出るということのようです。その実が料理されて出てきていますので、よい結果なのでしょう。そして、天使がくるっと回って、荒野に羽を撒き散らしました。すると、羽が植物となり育っていきます。

人の心を豊かにする活動をされているということをイメージしているのかもしれません。このことを続けていって欲しいと言っています。

悪いメッセージとかはありますか？　と聞いてみますと、マッチのイメージを見せてくれました。これは、火がつきやすいが燃え尽きやすいというイメージのようです。続いて炭が燃えるイメージを送られてきました。このように、じっくりと燃えるようになって欲しいというメッセージのようです。

あとは個人的なメッセージを述べまして、にっこりと微笑んで空へと舞い上がっていきました。まあ、キリスト教の天使と同じものかどうか分かりませんので、イラストは参考程度にしてくださいね。天使のガイドは割といますね。

圭　この前の2つとも、ご本人さんがどうやら以前から会っているガイドらしいということでしたね。前の方は髪の長い天使と短い天使が現れているようなお話でしたし、後の方はリーンという音が特徴のようでした。ただ、どっちも私の描いたイラストとはちょっと違う感じで見えているみたいでしたね。

ル　見える姿は見る人によって異なる場合が多いです。そのあたりはあまり気にしないでいいでしょうけどね。

圭　天使系のガイド、結構普通に会っている人いるんだなあ、と思ったところでしたよ。

ル　一番イメージしやすいでしょう。それに、雰囲気も良いし。なんだか優しそうなところも、ガイドとして好まれるところじゃないの。

圭　本当に、みんながどこかのガイドみたいに厳しかったら、ガイドと会うのを嫌がるようになりますよ。

ル　なんか言った?

圭　いえいえ、こちらのことで。そういえば、天使ガイドは、名前を音で表現する場合がありますね。ここに載っていない方にもありましたが。

ル　人間じゃないからね、名前というもの自体が存在していない場合もあるから。非物質世界の、ある波動とかエネルギーの凝縮した存在みたいなものだから。

圭　それって、水蒸気を凝縮したら水滴になりますが、この天使は、エネルギーという水蒸気が凝縮して天使という水滴になったようなものですか。

ル　うーん、いい線いっているけど、ちょっと違うかな。こういう存在はエネルギーの揺らぎみたいなもの。ものが燃える時、そこには高温のガスが出ています。そして、目に見える形で炎となりますね。その炎みたいなものなのよ。だから、見た目も変化しやすいということね。

圭　なるほど、わかったような分からないような。

＊＊＊

〈少女マンガ系〉


フォーカス21に行くと、まるの日カフェではなくて、広い菜の花畑に来ています。場所間違ったかな？　と思いましたが、花畑に一人の白い服の少女がいるのが見えました。清潔そうなシャツにスカートという、なんだかちょっと前の青春映画に出てきそうな子でしたが、直感的に今回のガイドだと思いました。しかし、ご本人（依頼者）の姿が見えません。少女は笑いながら花畑を走っては振り向き、私に自分を追いかけてくるように誘います。これは、海岸を追うパターンと同じく、恋愛映画の黄金のパターンだ！（今時ないですけど）と思いまして、

「ほほほほ。私を捕まえてごらんなさ～い」「あはははは。よおーし逃がさないぞお」

的な世界（実際にハズカシイ台詞は言っていません）で追いかけっこをしました。

すると、ガイドは依頼者さんのところまで案内してくれます。それにしても、ご本人に会うまでにかなり走りましたが。そして、ガイド拝見です。最初っから会っているのに話しをするまでにいい運動しました。お名前は？　と聞きますと
「リコ」と答えてくれました。リコさんは、

「このような美しい場所が、あなたの心の中にはあります。もっと自信を持って！」

と言っています。そして、

「花のエネルギーは偉大です。菜の花とかフキノトウとか、そういうつぼみを食べるのはエネルギーを得るために良いことです」と言われました。

「ガイドは内なる自分。内面からのガイドの声に耳を澄ませ、外へと意識を広げていけば自ずと道は見えてきます。それを忘れないで」

最後にリコさんがそう言うと、背中に翼が現れ、そのまま空へと飛んでいってしまいました（上イラスト）。

今回は、葉祥明さんの絵本の世界みたいな風景が広がっていました。なんか良い感じのところでしたね。お見せできないのが残念です。

圭　これ、天使ですかね。一応、分類上天使にしていますが。
ル　前に出てきた存在たちとはまた異なる天使ガイドね。
圭　どう違うのですが？
ル　前のは、エネルギーの揺らぎみたいなもの、こちらは意識体が天使っぽい姿をとっているというもの。エネルギーの揺らぎ、タイプの天使ガイドは、そのエネルギーに接している方々のところに現れることができます。つまり、複数の人をかけもちでガイドできるということ。もちろん、I／Tメンバーとかそういう縁がある関係での話しだけど。そして、意識体の天使は、その個人についているもの。そういう感じかしら。
圭　共同ガイドと専用ガイドみたいなものですか。

ル　一見同じ天使に見えても、実は基本がまったく異なることもあるから、その辺は知っておいてね。
圭　意外と奥が深いのですねガイドも。
ル　だからねぇ、いろいろと難しいところもあるのよ。
圭　ガイドの愚痴ですか。

＊＊

〈ラファエル〉


依頼の方は、テーブルでお茶を飲んで待っておられました。そして、ガイド拝見です。

背後におじさんと天使がいまして、今回は天使のほうがメッセージがあるから、ということでこちらへやって来ました。おじさん（といってもダンディーな渋めの方）は今日は顔見せだけだったようです。そして、名前は？　と聞きますと「ラファエル」さんだそうです。また来ました、有名天使ですね。なんで同じ名前のガイドが何人ものところに出てくるのですか？　と聞いてみると、

「一番そのイメージをしやすい存在だからだよ。同じエネルギー系のメンバー内ではよくあることです」

と言われました。まあ、いきなりアステカの神々が登場するよりも、天使のほうがイメージしやすいからでしょうか？　メッセージを聞きます。すると、目の見えにくい方が使用される杖を見せてくれました。

「一歩一歩、確認しながら前に進むのです。手抜きをすると、小さな段差にも躓《つまず》いてしまいます。目に見えるものは虚像、心に映るものは真実です。目の前にある人物の見かけ（地位とか）はその人物を飾る虚像です。それに惑わされないでください」

そう言ったあと、なぜか小型犬の姿が見えます。

「あなたには素敵なパートナーがいますね。その関係を上手に続けてください」

これは異性とは限らないような言い方でしたが？　具体的には？　と聞いてもにっこりと微笑んで教えてくれません。ガイドは最後にと言って、微笑みながら、

「あなたの人生は良いものになります。もっと自信を持って、安心してください。今日はそれが言いたかったのです。私も常に側にいますよ」

と言われて去っていかれました。全般的に前向き意見が多かったですね。その姿が上のイラスト。まあ、天使さんはだいたい同じような雰囲気持っていますね。今日はそのイラストをしっかりと描いてみました。何回も会っているので、だんだん上手くなってきた気がしますね。

＊＊＊＊＊＊

圭　ラファエル、実は３人同じガイドがいたんですよね。今回は最後に見たものを載せています。イラストは見えた姿に近いです。優しそうな美しい青年といった風貌でしたよ。

ル　これもエネルギーの揺らぎタイプの天使ガイドね。ラファエル系のエネルギーに所属している人のところに現れるのよ。

圭　今回は１００人以上見て３人ですから、結構確率高いですね。

ル　こうやって、あなたのもとにガイド拝見をお願いすること自体、なんらかのご縁があるのですから

ね、そういうエネルギーのつながりがあってもおかしくないわよ。
圭　こういうのを見ると、人間は見えないところでいくらでもつながっているものだな、と思います。
ル　そうなのよね。みんな、何らかの関係を持ちつつ生きているのだから、もっと仲良くしないとね。
圭　で、この天使は実在するということですか？
ル　このあたりの話をすると長くなるから簡単に。I／Tメンバーもみんな同じエネルギーで生きているわけでなくて、やっぱり近いもの同士でつながりがより強かったりするわね。そこで、そのつながりが強い間にはエネルギーの関係が出来上がります。そこのエネルギー系を象徴する形として、このような存在が出てくるのよ。
圭　天使で？
ル　天使以外もあるけど、今回は「ラファエルエネルギー系」というような方々が集まってきたので、こうやって見えたというわけ。
圭　他の天使系もあり？
ル　あなたの周りに来る方は、結構天使系多いわよ。
圭　そういうメンバーということですか。
ル　非物質的つながりのある方々、ということね。

＊＊＊＊＊＊＊＊＊

〈シャムシェル系〉

はるんちゃんに、モンローさんがくれた水晶のある部屋へ案内されて、そこでガイド拝見することに。もわーんとしたエネルギー体を感じるのですが、姿がよくわかりません。なので、今メッセージを伝いえたい方、姿を見せてくださいと声をかけてみますと、現れたのは4枚羽、シャギュセル？（シャムシェルのようです）というような発音です。天使ですね（上イラスト／小さな羽根が2枚と大きな羽が2枚あるようなイメージでした）。

ちょっと今まで会ってきた天使系よりも、強い感じがします。優しくて強い感じでしょうかね？

メッセージは？ と聞きますと、すっと空中に光で線を引きまして、

「今からこの境界線を越えるような出来事がやってくる。これを越えるか越えないかは、自分で判断してほしい。もしも越える意思があるのならば、この線ははっきりとした形として目の前に現れるだろう」

とかなり抽象的なメッセージをいただきました。そして、光の中から、卵に羽の生えたものを手のひらに取り出し、それを私に見せます。

「この方は、この卵のような方だ。じっとして保護を受けながら羽化を待つのではなく、自ら自由に飛び回って、自分で環境を見つけて羽化をしようとする。より多くを得ることが可能だが、ちょっとでも失敗すると割れてしまう危険性もある。そこを注意してほしい」

そう言って、その羽の生えた美しい卵を空へと放っています。天使がやると、絵になりますね。

今回はこのような感じのメッセージでした。ちょっとあまり聞かないお名前の天使さんでしたね。

＊＊＊＊＊＊＊＊＊＊＊＊＊＊＊＊＊＊＊＊＊＊

圭　この方はじゃ、シャムシェル系ってことですか。

ル　そうよ、ちょっと珍しい天使だけどね。同じ天使系というか、同じエネルギー系に属している人たちは、共同でこの存在の守護を受けることができます。なので、守護天使、という考え方がありますが、ああいうことを行なえるのですよ。この場合、先の方は「守護天使がラファエル」。この方は「守護天使がシャムシェル」みたいな感じで。

圭　なんで有名な天使の名前ついているのですか？

ル　それは、あなた方の認識次第です。こういうエネルギー系に近いイメージとして、そういう天使の像を当てはめているのよ。そのエネルギー系の人々の潜在意識にある共通認識で、一番いいものがそうやって当てはめられると思っていればいいわよ。

圭　じゃあ、先の方々のは？

ル　同じね。あの時はそのエネルギー系で名乗っていないけど、ちゃんとそれぞれに所属先があるのよ。

圭　さっき、天使には名前ないって言ってませんでした？

ル　天使個体に、ということ、そのエネルギー系には名前がついているの。

圭　ややこしいですね。そのエネルギー系が天使の個体名でいいんじゃないですか？

ル　それをやると、いろいろとあとで面倒になるのよ。エネルギー系をまたいでいる存在もいたりするから。

圭　非物質世界って、面倒ですね。

＊＊＊＊＊＊

〈堕天使系〉

はるんちゃんに案内されると、カフェ隣のピラミッド内に移動させられました。中にいらっしゃる様子です。なので、中でガイド拝見となりました。ちょっと薄暗い空間ですが、青い光が満ちているので海の底にいるみたいで落ち着きます。水族館の大水槽の下にいる感じでしょうか？

そして、現れたのは頭に角のある獣のような顔で、コウモリのような羽のある存在。

「これって、悪魔じゃん」と私が突っ込むと、「そういうイメージが強いみたいでね」と案外明るく返してきます。この姿はあんまりだから、他に合う姿はないの？　と人のガイドに注文をつけていると、天使の格好になりました（上イラスト）。ただ、今まで見てきた天使と違って、ちょっとオーラが低め。なんで？　と聞きますと、「私は堕天使だから」と衝撃発言。

じゃあ、ルシファー？　と聞きますと、「そういうものじゃない。単に、人間に近い存在になった天使のことだよ」と言われました。

で、この方のように、人間に近い存在となった天使は堕天使というイメージになるそうです。だから最初に悪魔的なイメージで見えたのですね。見た目の割には悪い感じしませんでしたから、最初のようなやり取りをしているわけです。向こうで見える存在も、姿だけに惑わされてはいけませんよ。

「何しろ、堕天使＝悪魔という考え方が強くてね」と言って苦笑しています。

ガイドの見え方は人の意識にも左右されるようですね。で、この堕天使さん、ちょっと「ベルリン天使のうた」とか「シティ・オブ・エンジェル」とかの話を思い出させてくれますね。人間になるために堕ちた天使の話。この方の素性にたいへん興味がありますが、今日の目的はガイド拝見ですか

ら、メッセージを聞くことに。

「人間は素晴らしい存在です。人との関係をつなぐ仕事があなたの役割です。今のまま、そのままやりたいことを続けていってください。一時的に山があったり谷があったりしますが、それは私も一緒にお手伝いします。必ずすべては上手くいきますから、それを信じてください。そして、私の声にも耳を澄ませてください。違った道へ行こうとした場合は、私の声が聞こえるはずですから」

天使らしいメッセージですね。聞いているこっちも心地よくなってくる優しい波動が含まれています。私のガイドにも見習ってほしいものです。

「私は堕天使、人間界に存在しています。人の声に耳を澄ませてください。そこに私の言葉が隠れています。あなたの周りにいる人たちは、すべて私なのですよ」

そう言って、堕天使さんは微笑んでいます。そういえばお名前は？　と聞いてみますと、「私はそれほど有名天使ではないから、名前は発音しにくいよ」と言われて、聞こえてきた音は「シーファ」のような空気の流れるような音でした。

シーファさん、今回はこれくらいで、と言って戻ろうとされましたので、さっきの悪魔的姿で出て行くとみんなびっくりしますよ、と私が言いましたら、

「それは見る人のイメージだからね。何とも言い様がないよ」

と言われました。ぜひ、ガイドをイメージするときは、美しい天使のイメージをしてくださいね。

圭　これは堕天使、というよりは人間界に降りてきた天使、という設定なんでしょうね。ただ、見え方が最初ぎょっとしましたが。

ル　堕天使、という名前に反応したあなたの意識がそういうふうに見せているのよ。
圭　それって、かなり見間違いしている可能性あるってことですね。
ル　そうね、でも天使の世界では基本がエネルギーの存在だから、見間違いという概念はないのよ。
圭　そう言われるとそうかもしれませんが。今回の方、見た目がすごかったですが波動は優しい感じでしたので、変な存在ではないなあ、と思っていましたが。
ル　そんな感じで、姿に惑わされることなく波動で相手の素性を見ることをお勧めするわね。
圭　非物質の存在は波動で判断ですか。
ル　なんとなく、雰囲気でもいいけどね。何か嫌な感じがする場合は要注意、ということで。
圭　ガイドと思ったら変な存在だったとかそういうこともあるのですか？
ル　あなたが見ている限りではないんじゃない。
圭　自分で見る場合は？
ル　そのあたりは､皆さんで実際に接触して体感することね。何でも自分で体験しておくことが大切よ。
圭　意外と冷たいですね。
ル　何でも学びよ。

＊　　＊

圭　さて、ここまで一緒に見ていただきましたが、一応これで『ガイド拝見』は終わりとなります。
ル　もう終わりなの。早いわね。

圭　全部載せているわけではありませんからね。最低これくらいは、という人数を集めてみましたが、でも多いですよ。
ル　これで今回は出番終わりなのかしら？
圭　はい、これまでありがとうございました。ジーラもコメントありがとうございました。
ジ　また用事があったら呼んでくれ。
ル　残念ね。もっとガイドのあんなことやこんなことを話しておきたかったのだけど。
圭　遠慮します。話しが長くなると、だんだん下に移行しかねないので。

ということで、【『ガイド拝見』をガイドと振り返る】企画は終了ということで。

ちょっとここで、ミシェルと天使系の話しをしたものがブログに書いてありますので、その記事を抜粋してみますね。今回の天使系の話しの参考に、ということで。

【ブログ】2009.4.19

最近天使系のガイドと会うことが多いのと、堕天使まで出てきましたので、
「フォーカスレベル的にはこの方々はどのあたりの存在になるのだろうか？」
という疑問が出てきました。天使といっても、たぶん見え方のイメージがこうなのであって、宗教的な天使とはまた違うのだとは思っています。でも同じ名前の方が何度も出てくるあたり、何かあるのか

もしれません。そこで調査開始です！

探偵まるの日スクープ
「フォーカスレベルで天使ってどうなの？」

毎回つまんないパクリで申しわけないですが。

さて、早速調査に向かいます。とりあえず困ったときは、フォーカス21の「まるの日カフェ」に行こうということで、天使の名前がついているミシェルをたずねることにしました。カフェの扉を開けると、ミシェルは奥にあるカウンターの中で仕事をしています。ちょっと聞いてみましょう。

「で、ミシェルは天使なの？」

「なんです、いきなり」

「名前がミカエルのフランス読みでしょう？」

「同じエネルギー系に所属するメンバーだからですよ」

「面倒な言い方するねぇ。分かりやすく言うと？」

「そうですね。あなたのI／Tがありますね、それを1つのエネルギー系だとします。するとその中のI／Tメンバーはみんな同じエネルギー系に所属するというイメージになりますね」

そう言って私を見るので、私がうなずくと話を続けて、

「このI／Tメンバーには代表者がいます。あなたの認識でいうと「水無月」ですね。つまり、あなたは『水無月』というエネルギー系のメンバーになります。このI／T内のすべてのメンバーには『水無

月』という存在の影響があるわけですね。すると、この水無月という存在がガイドのような存在として現れる場合もあるのです」

「つまり、ミカエルというエネルギーで括《くく》られているグループが存在するということ？」

「そうです。だいたい12天使すべてのエネルギー系が存在します」

「これって、キリスト教関係者だけ？」

「そうではありません。過去生からのつながりの大きいメンバーの場合もあります」

「じゃあ、『観世音菩薩グループ』とかも存在するの？」

「それはちょっとレベルが異なる存在ですから、やや違う路線になりますね」

「なんで、そんなエネルギーメンバーに区切る必要があるわけ？」

「I／Tメンバー内でも親密な関係を保つグループとやや疎遠になりがちなグループがいます。その間を取り持つときに必要なのがこのエネルギー系という考え方です。

あなたの会社の組織を思い出してください。生産の現場と販売の現場では、人員がまったく交差しないはずです。そこでは情報の伝達がスムーズにいきませんね。そこで、係長とか課長とかが存在して連絡を取り合っています。このエネルギー系というのは係長とか課長の役割をするものです。I／Tメンバー同士をまとめる管理職みたいなものでしょうか」

「じゃあ、このエネルギー系のトップ、ミカエルとかラファエルとかはフォーカス35以上にいるんだ」

「本体はそうですが、ガイドとして現れる存在はフォーカス27までにいますよ」

「なんで？」

「圭さんの言う、『マトリクス』を持った存在が身近にいるはずですから」

「つまり、それぞれの天使エネルギー系に属する人間は、その天使のマトリクスを使える存在がガイドになっているということ？」

「そうですが、自分のエネルギー系以外の天使も呼び出して、エネルギーを借りることもできますよ」

「それもマトリクス」

「そうです。皆さんに一人以上の存在として、マトリクスを利用できるガイドが存在しています。フォーカス35からの情報をダウンロードして、こちらに投影させればいいことですからね。誰でも呼べば必ず援助に来てくれます。メインのエネルギー系天使は変わりませんが、他から呼んだ存在はその時々で変更されていきます」

※ちょっとマトリクスの説明

これは私のイメージした考え方です。あまり他の本には書いていないと思いますので説明しときますね。

ある人物がいます。その人物本体ではなく、その人物の情報を投影する向こうの世界でのシステムのことを私は「マトリクス」と呼んでいます。

そのマトリクスは、それ専用のヘルパー、ガイドのような存在がいて、ある人物の情報を自分に転写して、その本人になってしまうことができます。なので、話し方、考え方は本人となんら変わりません。この養成学校みたいな場所も存在します。

私がレトリーバルするときに、ある人物に変身するときがありますが、そのときもこのマトリクスを使っています。意識と行動、考え方が本人になってしまうのですが、こちらの目的を伝えて、思うようにレトリーバルをしています。クリスタルのイメージですね、ダウンロードするときは。

ちなみに、私がフォーカス27の隠れ家でモンローさんとよく会っていますが、あれはマトリクスです。本体はフォーカス35以上にいるみたいですから。

今度ブログ一回分使ってまるまるマトリクスに関して書いておきましょうかね。でも、こんな話しに興味のある方いますかね？


「じゃあ、キリスト教に無関心というより、背を向けている私にもいるのかい？」

「ええ、ちゃんといますよ」

「誰？」

「それくらい自分で確認してください」

「冷たいなあ」

「だいいち、なんで圭さんの前に私がいるのか理解してますか？」

「もしかして、ミシェルが私の天使？」

「見てみます？」

そう言ってミシェルが微笑むと、ぱあっと光が差し込んでいきなり目の前に強く、でも暖かいエネルギーが広がってきました。白い光の中から翼が現れ、そして、剣を持った姿のミカエルが目の前に現れてきました。優しく微笑む姿に少しミシェルの面影が見えます。静かに微笑むその姿はまさに大天使っぽいです。

「はあ、ミシェルはただ者ではないだろうという話しは皆さんしていたけど、実際にそうだったんだね」

「私のエネルギー系に圭さんは属しています。だから、私がここで働いているのですよ」

「半年以上かかって、今頃わかったよ。なんでいるのかが」

世の中、分からないものですね。なんか見た目以上の何かを隠し持っていそうなキャラだとは思っていましたが、ミカエルのマトリクスをダウンロードする媒体にもなれる人物（？）だったとは。こういうことが起こるから、ヘミシンクでの探索は面白いですね。

なんでエネルギー系が天使に象徴されるようになっているのか？　そのあたりはまた次回聞いてみようと思います。今回はここまでで十分満足しましたので。

で、イラストはその大天使ミカエルになったミシェルです。カッコいいですね。

3章　ガイド拝見を振り返って

ガイド拝見を終えて

ということで、今回は私のガイド、ルリカさん、ジーラとガイド拝見を振り返ってみましたが、たくさん得ることとありましたね。半分以上無駄話のような気もしましたが、随所にガイド的思考の断片が垣間見れて面白かったです。最後に、私がガイド拝見を終えたころ、そのときに得た考え方、思ったことをブログに書いておりましたので、そのあたりを抜粋してみます。

＊＊＊＊＊＊＊＊＊＊＊＊＊＊＊＊＊＊＊＊＊＊＊＊＊＊＊＊＊＊

〈ブログより抜粋①〉

ここで、ちょっとガイドとの付き合い方、私の場合を参考までに書いておこうかと思います。

最近ガイド拝見していますが、たぶん、ちょっと期待はずれだった人もいらっしゃるのではないかと思います。

意外と、ガイド（ヘミシンクを使って、私が見る場合ですが）は具体的には言わないものです。それも、自分の人生を左右するような命題については、あまり答えをくれません。私のときもそうでしたし、今でもそうです。気軽に向こうの人と接触して情報をもらっているように思われるかもしれませんが、私自身の人生に影響するような深い話はしていないものなんですよ。さわりだけです。

以前も、自分の人生について真剣に悩んでいたときにガイドと接触しようとしたことありましたが、そういうときは誰も現れませんし、メッセージもくれません。つい最近でも、今後の人生を考える上で、ガイドと相談しようと思ったら、完全シカトされましたし。

今でもそうです。つまり、ガイドは自分で道を切り拓こうと動き出さない限りは、こちらにアドバイスをくれないものなんですよね。ガイドに期待すると、突き放されます。自分で考えなさい、と。

そこで、ガイドにものを聞く場合は、自分がきちんと何か目的を持って、それをやろうと努力していることが第一条件のようです。迷っている間は、ガイドは一言も声をかけてくれません。楽な道や、進むべき道など教えてくれもしません。

それらは、自分でまず努力して、考えて導き出さないといけないものです。そのあとで、やっとガイドのサポートがやってきます。

なので、ガイドからの導きを得るには、常に自分のことをしっかりと行なっていくこと、生活をしっかりとすること、感謝すること、学ぶこと、行動すること、などが必要なのだと思います。

日常生活の中からしか、『悟り』は得られないものだと思いますし。基本は「禅」だと思いますね。

と、これは私の考え方ですが。

で、私もそうやってガイドと長いこと接触してくるとだんだん知恵がついてきまして、どうやればガイドから自分の欲しい答えを導き出せるか、というやり方も学んできました。

ガイドから答えを貰いたい、ではなくて、参考になるいい意見を聞きたい、という姿勢で臨むのが良いみたいですね。

ここまでに2年くらいかかっていますから、今からガイドと関係を結ぶ人も、気長に友人と接するように関係を作り上げていってくださいね。

ガイドは、私たちを裏切ることはないですから。常に見守ってくれています。

＊＊＊

〈ブログより抜粋②〉

ガイド、というのは私の認識では『非物質的に援助を行なってくれる存在』となっております。なので、守護天使、守護霊、指導霊、スピリチュアルガイド、宇宙人、先祖の方、背後霊（は違うか？）、などなんでもひっくるめてガイドと呼んでいます。

あまり細かく区切らないほうがいいですよ。「守護霊は何代前の先祖で……」とか「指導霊は入れ替わるらしい」とか「ガイドはいなくなったりするらしい」とか、そういう話を鵜呑みにしたり決めつけないほうが、先入観を持たずにすみます。

人が見た話は人のことですから。こういう世界は自分が見たものが真実なんですよ。ヘミシンク使って自分で見てみれば、その言われている通説がどうなのか理解できます。ま、私の見たところ、単に見方の違いですべて同じようなこと言っているんですけどね。で、私のガイドの考え方で言うと、今生きている方も非物質的に援助を行なってくれている場合は、それもガイドになるのです。だから、生きている方が出てきても驚くことはあっても、否定する必要はないのですね。

みんな霊の状態で存在しているのですから、その時にメッセージを伝えたい場合は、他のガイドを押しのけて、前に登場する場合もあるということで。

亡くなった方がそのままガイドとして残っている場合もありますし。

だから、私たちと係わり合いのある方は、生きていても死んでいてもみんなガイドなのです。

だんだんその意味が分かってくると、世界の素晴らしさに感激しますよ。なので、ガイドを見ようとして知った人の顔が見えても否定せずにそのメッセージを受け入れてください。そのメッセージを聞いてから考えればいいのですから。

ガイド拝見、ミクシィのほうでは直接やり取りができるので、ガイドからのメッセージを送って、その返事をいただいたりすることも多くあってとても参考になりました。ガイドからのメッセージが、まさに今必要なことであったり、私の見ているガイドの名前や姿が、以前から会っていた存在と同じであったり。そういう返事がくると、ガイドも本物だったんだなあ、と安心しておりました。たまに感動的なメッセージもあって、こちらの胸が熱くなることもしばしば。ガイド拝見というのは、必要な人にとっては、とても意味のあるモノだったのだなあ、と思わせられました。それに、ガイド拝見の順番にも意味があることも多く、ここでもガイドの導きを強く感じられました。

実は、人のガイドを見ながら、私自身のガイドに対する考え方を勉強させられた2ヶ月間でしたね。

ガイドは誰にでもついていて、皆さんをそっと見守っている。そして、その人に合ったガイドの仕方をしている。そう確信できるようになりました。なので、カッパが出てきても、天使が出てきても、「これはガイドだ」と言えるようになりましたね。そして思いました。

「ガイドを見てあげる必要は、実はないのではないか?」

というもの。ガイドの言葉、メッセージは今目の前にある現実世界の中にすべて隠されているのです。仲のいい友人からの言葉、厳しい上司からの言葉、嫌いな男からの言葉、すべてにガイドからのメッセージがあるのですよね。そこに気がつくことができるようになること、これが本当のガイドとの結びつきなのではないかと思っております。

ガイドは見える必要はないのですよ。そこに存在していることを信じられれば、それでいいのだと思います。

広い心と柔軟な思考、そして開かれたハート。

地道ですが、それを身につけることがガイドとつながる一番の方法だと思います。

それには、ヘミシンクは有効なツールです。

昼寝音楽になっていても、聞き続けてくださいね。きっといいことありますよ。

＊＊＊＊＊＊＊＊＊＊＊＊＊＊＊＊＊＊＊＊＊＊

私は、ヘミシンクというツールを使うことで知覚を開き、人のガイドを見るようなことをしていますが、霊能力が身についたとか、そういうものではありませんので。

ただ、非物質的な人間同士のつながりを感じることができるようになり、そこから無意識の世界へアクセスし、情報をもらってきているような、そんな感じかなと思っています。

ガイド拝見、実際に用いた情報は、ハンドルネームのみです。性別すら分からない人々のガイドを見るというのは、プレッシャーでもありましたが、私の中には一つの信念のようなものがありました。

「非物質世界はすべてつながっている。ならば、どういう呼び方だろうと、個人を特定できる記号（ハンドルネーム、あだ名、年金番号など）があれば見えるはずだ」

というもの。

実際、ハンドルネームだけで見ることも可能でしたし、まるの日カフェで見た本人（依頼者）の特徴を話すとだいたい合っていた、ということが何度もありました。やはり非物質世界は普通に存在していて、私たちがアクセスする気になれば、いくらでも行けるのだな、ということを実感しました。霊的世界でも精神世界でも何でもいいですが、すべての人間はそこでつながっている。意識の奥底ではみな同じである。そういう気持ちをさらに強く持つようになりました。

今回のガイド拝見を行なった3ヶ月は、私のための訓練であったような気がします。

厳しくも、優しいガイド達に感謝を

「ヘミシンクをやれば人のガイドが見えるようになるんだ！」

と思われた方もいらっしゃると思いますが、これはあくまで私の体験です。

誰でも必ず見えるようになる、と断言はできません。ただ、自分のガイドとの接触はできると思います。ご本人がちゃんとガイドの導きを信じていれば、いずれ何らかの形で現れてくるはずです。

ヘミシンクはガイドと会うためのツールではありませんが、広い可能性の中から、こういうパターンもあるという一つの形として、私の体験を本にまとめさせていただきました。私の最終目的は、「人のガイドを見てあげること」ではありませんので、最近はブログ、ミクシィ、メールでのガイド拝見はお断りしています。どうしても遠隔ガイド拝見は、その時のやり取りでガイドの意図を伝えにくいからです。

それに、私はヘミシンクの普及が第一目標で、本を書くのも、皆さん個人個人でヘミシンクを使って、自分でガイドに会われることを薦めるためです。

何でも自分で行なったほうが、メッセージは確実にやってきますので。

ガイドは皆様のところに必ず存在しています。

なぜ「ガイドの姿が見えない」くらいでがっかりするのでしょうか？

皆さんは愛情の姿は見えるでしょうか。

愛情の形、と言うのは相手の存在がいて初めて認識できるものでしょうか？

別に存在していなくても愛というものを感じることはできるはずです。

亡くなったご主人からの愛、遠くに離れている恋人からの愛。

ガイドとは、そういう存在なのです。見えなくても必ず存在している。

そして、常にあなたの側で見守っている。

ガイドに話かけてみてください。とても安らかな心地になったとき、それはガイドからのメッセージです。

そして、自分の周りに存在しているものすべてはガイドからのメッセージなのです。

それに気がつくと、ガイドの姿が見えなくてもさほど問題はなくなります。


『ガイドは常に私たちと共にある』


それを信じることから始めてみてはいかがでしょう？

すると、あちらからふっとした瞬間に現れてきますよ。

まるの日流、ガイドとのコミュニケーション法

いろいろと書いてみましたが、やっぱり皆さんは自分のガイドがどういうものか興味あると思います。そこで、私の経験した中から、こういう例がありました、というものをご紹介しますので、参考にしていただければと思います。

〈自分のガイドがどんな姿?〉

まあ、これは一概には言えないところですが、妻や私、それに他の方からの情報によると、どうやら自分の気になる姿形の人物がガイドになっている場合が多いらしい、ということ。

たとえば私は、色白で髪の毛が長くて、前髪を切りそろえたような、そういう女性を見ると、つい目がいっていました。性的な魅力とかそういうものではなく、なんとなく気になる姿、という感じで。で、私のガイドには、まさにそんな装いの方いますね。ルリカさんです。それに、以前からサイボーグ009の002、ジェット・リンクが好きでしたが、そんな姿のガイドもいますね。ジーラです。

妻も、こんな感じの顔や髪型が気になると言って、レリーフなどを作っていましたが、私がガイドを見てみたら、まさにそんな姿の人がいましたし。

天使系では、他にも以前から気になる天使がいたら、それがガイドだったとか、そういう話もありました。

なので、どうやら私たちは無意識に自分のメインガイドの姿を感じているようです。

そこで、自分のガイドはどんな人かな、と思うときは、何かやたらと気になる人物をイメージすると近いかもしれません。このとき、福山雅治が好きだから、と言って、それを思い浮かべてもダメですよ。「なぜだか分からないけど、気になる」という感じの人ですからね。性的な魅力を感じる人よりもそうでない場合のほうが近いかもしれません。

ちなみに、私の好みはボブっぽい髪型ですからね。Perfumeの3人でいうと「のっち」が好みですが、目がいくのは「かしゆか」、とそんな感じですかね。

〈ガイドと仲良くなるには？〉

これは簡単です、対話することですね。人間と同じです。多く対話することで相手のことを理解し、そして、仲が深まる。そんな感じですね。

よく、「守護霊に守ってもらうには行ないを正しくして」とかいろいろ言われていますが、私の見たところ、誰にでもガイドいますからね。行ないが正しいほうがいいかもしれませんが、この際それは忘れていただいて、ガイドと対話するほうを優先しましょう。

ヘミシンクやっていて、何か出てきたら取り合えず話しかけてみましょう。それがスイカでもかぼちゃでも、光の泡でもなんでもいいです。それで反応があったら、ガイドの可能性大ですね。

そこから、関係を深めていくと、姿も変化していく可能性あります。光のまま、という場合もありますが。

話しかけるときは、心の中で話しかけます。すると、自分が想像しているような形で答えが返ってきます。最初は、「自作自演しているんだろうか？」と思う感じでいいですので、話しかけて、返事を作って、その繰り返しをしていきましょう。できればメモを取りながら。

それを繰り返していると、だんだん「これ、どう考えても自分の考えではないよな？」という情報が現れてきます。それに、対話していて、まるで本当の人間と会話しているような反応や態度を感じられるようになったりします。

そうなったらしめたもの。もうガイドとの対話ができていますよ。

最初の出だしで皆さん自分の想像だと諦めがちですが、それを3ヶ月くらい続けてみてください。なんらかの変化を感じられると思います。

想像の源はなんでしょうね？　何を見て、感じてその返事を考えているのでしょうかね？

そこを注意してみてください。

〈どうしてもガイドに会いたい場合〉

これは実は一番会えない確率が高いです。先ほどお話したように、自分が困っていて、どうしようもないときほどガイドは出てきません。「自分で何とかしなさいよ」って感じでしょうか？

こちらで会いたいエネルギーを出しすぎていると、向こうからの接触を感じにくくなるようです。なので、ガイドと会うときは、自分がある程度落ち着いてからにしたほうがいいですね。

ヘミシンクは、リラックスできる状態でないと効果発揮しませんから。まずは、その問題に対して自分で動いて、自分である程度の結論を出す。それくらいこちらで動かないと、ガイドは導きを示してくれないものですので。

現実世界の問題は、まず自分で対処すること。これもガイドと会う一つの方法でもあります。

〈どうすれば、そんなにガイドの姿をはっきり見られるのか？〉

よく聞かれますね。でも、こればかりは自分で訓練してくださいとしか言いようがないです。それと、ガイドの姿を当てはめる型（パターン）を多数持っていることが必要だと思います。

非物質世界で見る存在には形のないものも多くいまして、それに私が一番近いであろう形をあてはめて見ているところもあります。ウルトラマン系の存在なんかそうですね。

それに、人それぞれガイドの感じ方は違います。私のように、見たり対話する人もいれば、同化してしまって、ガイドの姿を感じない人もいます。それに、雰囲気だけしか感じられない場合も多いです。

まずは、自分がどういう形でガイドを感知できるのか。そこを自分で理解しておく必要がありますね。

同じ「りんご」を見たとき、絵描きは絵に描きます。フォトグラファーは写真に撮ります。音楽家はりんごのイメージソングを作ります。パティシエはりんごのタルト用のクッキー生地を焼きはじめているかもしれません。そんな感じで、同じガイドという存在を見ても、自分の受け取るアンテナが違うとまったく感じ方が違ってきます。自分のアンテナはどれなのか？　そこをちゃんと感じでくださいね。

まあ、こういうことで、何人かの方が同じ人のガイドを見ても、同じものを見ない場合があるのです。

〈ガイドに協力してもらうには？〉

何か物事をするとき、たとえば家を買うとか、そういうときに非物質の存在からの情報なんかもらえるといいですよね。その時、ガイドにどう頼めばいいのか？

それは、日ごろの感謝の気持ちを伝えて、そして、「これから自分は○○を行ないます。もしもそれが自分の学びにそぐわない場合は、明らかな妨害をしてください」
とかそういう感じでお願いすることもできます。「上手く進むよう手助けしてください」ではないところがミソです。

私たちは自分の我欲のみで物事を進めようとする場合があります。その時、ガイドは注意のメッセージを送っていたりするのですが、それに気付かず、そのまま進めてしまって大失敗する場合もありますね。

そこで、そうなる前にガイドに妨害工作をお願いするのです。家を建てようと思う場合は、お金がなぜか借りれなくなったり、なぜか身内全員がさしたる理由もなく反対するとか。

そういう出来事が起こったとき、先にガイドに妨害してください、とメッセージを送っておくと、その出来事に「何か意味があるのか？」と反応できますよね。

これが、「上手く行くように」とお願いすると、その出来事を無視して、先に進めようとします。

何でもそうですが、早いうちのほうが被害は軽いのです。

私も今の家ではなく、かなり前に家を建てる計画を立てたときがありました。その時、土地の件とか融資の件とか、なぜかみんな反対するとかでまったく上手くいかなくなりました。その時に気付いて早めにやめていればよかったのですが、先に無理やり進めようとしたため、大きな損害をこうむった経験があります。あの時もガイドはちゃんとメッセージを出していたんですよね。身内の声、身の周りにある現象、それらに気付くべきでしたが。

そんな感じで、ガイドにお願いするときは、自分の我欲のみを突き通さないこと、ですね。ま、これも経験といえばそれまでですけど。

以上のような感じで、ガイドに関する参考意見を書いてみましたが、これはあくまで私の場合です。参考にするのはいいですが、「これが真実のやり方か！」とか思わないでくださいね。

基本、軽く感じて軽く実行してみよう、くらいの感覚で。

何でも楽しそうにしていると、案外ガイドも手助けしやすいみたいですからね。

最後に、ガイドの姿は常に同じではなく、用件によっては見え方が異なるという実例として、ルリカさんの水着姿も載せておきますね。

これ、共同探索実験のときに数人の方にちゃんと目撃されております。

ル　なんで水着姿なのよ。

圭　ほら、前作も最後のオチはルリカさんの水着姿でしたよね。

ル　前回はそうでしたけど、今回はなんの意味もないじゃない。

圭　ガイドの見え方が常に一定ではないということを語るには一番インパクトあるかと思いまして。それに、本を出すたびの恒例にしようかと思ってますが。

ル　だったら、こんなペチャンコのときの水着姿じゃないのを使ってほしいわ。

圭　そうですか、いい感じに描けていると思いますけど。スレンダー好みもいますから。

ル　そう？　これで売り上げも上がるかしら。

圭　これくらいで上がるとは思えませんが……。

おわりに

さて、この「ガイド拝見」の話、最初は「こんなの本にしていいものかな？」と思って、取りあえずまとめてみたものです。一応、記録としてまとめておけば、後日ブログにでも上げられるし、あわよくば本にできるかな、という感じで。

それが、あれよあれよという感じで、本にしましょうというお話になりまして。

なんだか前作と同じ導きを感じたものでした。またモンローさん出てきて言いましたしね。

前作「誰でもヘミシンク」は意外と驚異的なペースで出来上がったものでして、原稿をまとめるのに2週間くらい。それから約1ヶ月で出版までいったという、編集の方々には大変ご迷惑をおかけした作品でした。実はその時モンローさんが「年内に出るから早く書きなさい」とヘミシンク中に出てきて、そこで急いで書き上げたという感じです。最初、「まさか年内には出ないだろう」とモンローさんのお話も話半分で聞いていましたら、本当に出ましたからね。非物質世界からの情報をあまり疑うのはいけませんね。前作は、まさにガイドの導きで出来上がったと思えるものでした。

そして今回。これもまさにガイドの導き？　と思うことは多くありましたね。

出版のあてもなく、仕事の合間にぼちぼちまとめていましたら、「本にしましょう」という声がハート出版さんからかかりまして。ちょうどその時にまたモンローさん出現して、「今月中にまとめるのだ」

とメッセージが。

その頃は仕事も忙しく、夜の研修と会議だらけで、「本当にまとまるのかい？」と半分諦め気分でこつこつとやりはじめましたら、なんと、これも2週間くらいでまとまってしまいました。

何でもやってみるもんですね。基本的にブログに記事があるので早いのですが。

それにしても、こういうことが重なると「この本もガイドの導きで出すことになったのかな」と思えます。ただ、正直ルリカさんとの対話形式の解説が入るので、「こんな無駄話、みんな楽しく読んでくれるのだろうか？」という心配もあります。前作よりもさらに気楽な感じで読んでいただけたらいいのですが。


この本にはガイドの導きがたくさん詰まっています。ガイドの導き的なことも数多く起こりまして、私も非物質世界と現実世界の相互関係を改めて実感したところです。向こうの世界からのアクセスは常に行なわれているのですよね。それに気付くだけで、人生はなんとも豊かな気持ちになれます。

ヘミシンクで自分の可能性と現実世界との関係性を確かめるために行なったガイド拝見でしたが、私にとってはいろいろと得るものが多かったです。

今回、ガイドを見させていただいた方々、本当にありがとうございました。メッセージのお返しも、私にとってとても励みになるものが多くてたくさんのことを学ばさせていただきました。

何でも自分でやってみようと思ってやることに無駄なことはないものです。

皆さんも、ガイドと会う、ということをやってみようと思ったのならば、ぜひ行動してください。行動していれば次第にガイドの導きを感じられるようになってきます。

実際、私が今この文章を書いているのは、仕事中でして、なぜか予定されていた仕事がぽっかり空いたのですよね。

こういうふうに、自分でいろいろとない時間を搾り出して、どうやれば効率いいかとか考えながら行動していると、いきなり時間を与えられることもあります。

ガイドの導きは、本人が努力しないと来ないものみたいですね。

そんな感じで、今もガイドの導きを感じつつ本を書いている最中です。


この本は、多くの方のご協力があって出来上がったものです。本に載らなかったガイドの方々からも良いメッセージが多く、全部載せてしまいたいところでしたが、いろいろと迷いながら現在のような形になりました。載らなかった方々のメッセージは、ブログで楽しんでいただけたらと思います。

・まるの日〈へミシンクのある暮らし〉 http://pub.ne.jp/marunohi/

ガイド拝見をさせていただいた方々、そのガイドの方々、私の稚拙な文章とイラストをまた本にしていただいたハート出版の皆様、ほか、ブログをいつも見てくださっている方、マイミクの皆様、本当にありがとうございました。それと、私のガイド拝見の影響で家族にも本当に迷惑をかけました。それでも私のへミシンクライフを許してくれた妻と子供にも感謝を。

【まるの日圭　ガイド拝見までのヘミシンクの歴史】

2006年

冬　妻、坂本政道著「死後探索」を購入。　妻、やけ買いでゲートウェイエクスペリエンスを購入。
　　まるの日圭、本を読み、ゲートウェイシリーズを聞き始める。

春　家だけで聞いていても無理そうなので、会社の昼休みに聞き始める。『質より量』作戦開始。
　　『暗黒の半年間』。ひたすらフォーカス１０、１２を聞き続けるも、何も無し。クリックアウトと睡眠の繰り返し。見えるのは暗闇のみ。
　　諦めて次に進むも、まだ得に何もなし。ビジョンを少しずつ見るが体験はまだ無い。
　　だんだん、現実世界でシンクロニシティが多く起こってくる。

夏　新居建築開始。

冬　新居へ移転。

2007年

冬　瞑想開始。
　　フォーカス２１を聞き始める。ここから体験内容が充実。非物質の存在とのコミュニケーションも始まる。

春　ガイドらしき人物と何度か遭遇するも、正体分からず。

夏　ガイド、『ジーラ』との初遭遇。そして、ガイド、『ルリカ』より、「本を書け」と指令を受ける。しかし書くほど何も体験していないので、無理。

秋　フォーカス２７レセプションセンターまで行けるようになる。
　　「この体験をなんとか公開して、独学で何も体験できない人の手助けにならないか」と思い、記録を文章にし始める。

冬　「ネットで公開するか」と思い、ホームページ製作開始。

2008年

冬　急に思い立って、ホームページをやめブログを開始。

春　体験が加速し始める。普通にフォーカス27にいけるようになる。
　　独学でレトリーバル開始。

夏　共同探索実験開始。
　　「まるの日カフェ」をフォーカス２１に建設。
　　彼、エラン、など高次の存在との出会い。
　　フォーカスレベルもどんどん上に行き、１００以上？　に到達。
　　モンローさんも非物質的に登場。
　　現実世界で、タイさんと出会う。ＴＳＴにて初セッション。

秋　ＴＳＴにて２度目のセッション。妻との過去生を見る。
　　本を書き始める。

冬　ブログ上でハンドルネームのみでガイドを見ることを始める。
　　ハート出版より「誰でもヘミシンク」出版。
　　本の出版を契機にミクシィを開始。

2009年

冬　ガイド拝見１００人以上応募来る。

春　ガイド拝見終わる。

《注釈》

1・ミクシィ（友人の紹介で入会できるシステムを持ったソーシャルネットワークサービス）
2・ゲートウェイエクスペリエンス（ヘミシンク自宅学習用のCDシリーズ／IからⅥまである）
3・アクアビジョンアカデミー（モンロー研究所アウトリーチトレーナー資格を持つ、坂本政道氏、植田睦子さんらが代表を務める日本のヘミシンク関連会社）
4・フォーカス世界（ヘミシンクで行ける意識状態を「フォーカス・レベル」と言い、共通の認識を得られるように番号で区別してある）
5・I／T（いわゆる類魂のこと。フォーカス35以上に存在する非物質の自己）
6・ハイアーセルフ（大いなる自己、ここではI／Tと同じ意味で使っています）
7・I／Tクラスター（I／Tの集合体）
8・レトリーバル（救出活動。フォーカス23～26までに囚われている意識を解放するパターンが多い）
9・『ときめきメモリアル』（架空の高校を舞台にした恋愛シュミレーションゲーム）
10・「まるの日カフェ」（まるの日圭がフォーカス21に作った場所。内部はアンティーク風の喫茶店。外席もある）
11・『愛、覚えてますか』（劇場版「超時空要塞マクロス」の主題歌）
12・アカシックレコード（時空を超えた、宇宙のあらゆる知識）
13・C1（フォーカスレベルで現実世界のこと）
14・キャンディ　キャンディ（原画：いがらしゆみこ、原作：水木杏子。の少女マンガ）
15・ミル姉さん（タレント内村光良が演じる牛のキャラクター）
16・紅の豚（スタジオジブリのアニメ作品）
17・モノリス（映画、「2001年宇宙の旅」に登場する黒い長方形の物体）
18・超人ロックに出てきたラフノールの鏡（聖悠紀の漫画「超人ロック」に出てくる惑星ラフノールで使用される鏡）
19・カーリー（インド神話の女神。血と殺戮を好む戦いの女神。シヴァの妻の一人）
20・トリトン（この場合、手塚治原作の『海のトリトン』の主人公のことです）
21・ウルトラマン（円谷プロダクション制作の巨大ヒーロー）
22・マグマ大使（手塚治虫原作のロケット人間を主人公とした漫画）
23・ガイバー（『強殖装甲ガイバー』（きょうしょくそうこうガイバー）のこと。高屋良樹による漫画作品）
24・仮面ライダーアギト（平成仮面ライダー2作品目）
25・アースマン（アースコアクリスタルでまるの日圭を案内してくれる人物）
26・レインボーマン（『愛の戦士レーンボーマン』のこと）
27・ジャバ・ザ・ハット　（スターウォーズシリーズに登場するキャラクター）

〈参考文献〉

・「臨死体験を超える死後体験　Ⅰ～Ⅳ」　坂本政道著　ハート出版
・「ヘミシンク入門1」　坂本政道、植田睦子　共著　ハート出版
・「2012これが新世紀の生き方だ　ヘミシンク技術が開いた宇宙とつながる法則」　今井泰一郎著　ハート出版
・「ロバート・モンロー『体外への旅』」　ロバート・A・モンロー著　ハート出版
・「魂の体外旅行」　ロバート・A・モンロー著　日本教文社
・「究極の旅」　ロバート・A・モンロー著　日本教文社

〈参考ホームページ・ブログ〉

・モンロー研究所　URL　http://www.monroeinstitute.com/
・株式会社アクアビジョンアカデミー　URL　http://www.aqu-aca.com
・TAI（ティー・エイ・アイ）・スピリチュアル・トレーニングセンター
URL　http://www.angella.info/tst.html

まるの日　圭（通称ケイ）

1974年熊本生まれ。公務員の父親の仕事柄、幼少時より福岡から屋久島など九州各地を転々とする。現在、九州の山間に暮らす。バイクと野鳥をこよなく愛する30代。

趣味はバイク、ヘミシンク、薪ストーブ、陶芸など多趣味。妻子有り。最近ウクレレを勉強中。

独学でヘミシンクを行なう。ヘミシンクのおかげで家も建ったし。

大学卒業後、和菓子メーカーに勤務、その後、豆腐職人を経て、現在はサラリーマン菓子職人。

主な著書「誰でもヘミシンク」（ハート出版）

2009年8月　米国モンロー研究所正規ディラー契約取得。

写真はヤギと戯れる様子

※著者問い合わせは、ハート出版「まるの日」気付けにて、封書でお送りください。
※なお「まるの日」ブログにて、コメントを受け付けています。
　ただし、現在メールやブログ、手紙でのガイド拝見は行なっていません。

http://pub.ne.jp/marunohi/

おもしろすぎる ガイド拝見

誰でもヘミシンク2

平成21年9月14日　第1刷発行

著者　まるの日圭
発行者　日高裕明

発行　ハート出版

〒171-0014
東京都豊島区池袋3－9－23
TEL03-3590-6077 FAX03-3590-6078
ハート出版ホームページ　http://www.810.co.jp

乱丁、落丁はお取り替えします。その他お気づきの点がございましたら、お知らせ下さい。

ISBN978-4-89295-658-4　　編集担当　藤川　印刷　大日本印刷